En moi le ciel et la terre

DU MÊME AUTEUR

(Sélection)

Blue Jay Way
Sonatine, 2012

Ta mort sera la mienne
Sonatine, 2013

Jenny
Sonatine, 2016

La Poupée de Kafka
Actes Sud, 2017

Tu réclamais le soir
Calmann-Lévy, 2022

Golden Age
Hachette, 2022

FABRICE COLIN

En moi le ciel et la terre

Roman

ÉDITIONS DU SEUIL
57, rue Gaston-Tessier, Paris XIXe

ISBN 978-2-02-150308-1

www.seuil.com

Pour Katia

L'ACCIDENT MORTEL DE RAYMONDE DE LAROCHE

Le 18 juillet, Raymonde de Laroche, recordwoman de la hauteur, a trouvé la mort dans un accident au Crotoy. Son avion était piloté par Barrau, également tué.

ÉPHÉMÉRIDES

« Le ciel est joli comme un ange », écrit le poète, « l'azur et l'onde communient », et jouir de cette beauté est une grâce sans égale car, au moment où, de toutes parts, l'on se presse autour de l'épave fracassée de mon rêve, sur cette plage du Crotoy arasée par les vents, tandis que, hors les méandres du temps, je reviens vers ce que j'étais et que ce que j'étais m'habite – à l'instant où des mains se tendent et où des voix étranglées crient mon nom, où le chagrin de la foule, déjà, colonise l'air de sa noirceur, je comprends soudain que tout est accompli. Je vole, légère, immensément libre, le monde m'emplit et m'absorbe, je ne fais plus qu'un avec lui : grisée par l'infini renversé, paupières mi-closes, je tombe vers l'En-haut...

L'avion ! L'avion !
qu'il monte dans les airs...

1882

Un vieil amant au verbe fleuri m'a assuré un jour que des reflets d'or brillaient au fond de mes prunelles, et que mon regard était « pareil au refuge secret du soleil ». J'aurais pu rire : quel crédit accorder aux paroles de ceux qui nous aiment quand ils prétendent nous aimer comme personne avant eux ? Je l'ai, au contraire, considéré avec le plus grand sérieux.

– Et mes ailes ? Vous ne dites rien de mes ailes ?

J'étais vêtue de blanc ; nous ne nous reverrions jamais. J'ai posé un baiser sur son front et je suis partie.

Pendant vingt ans, j'ai été heureuse : légèrement, béatement, presque pour rien. Le bonheur, on le sait, n'a que peu à voir avec la joie. Il n'en a ni la profondeur ni la gravité. Le bonheur est idiot, il ne connaît que lui-même. J'ai été heureuse ; on m'a aimée ainsi. Puis la mort a frappé, et j'ai haï ce monde. Il fallait que je m'échappe. Le destin m'a emmenée au ciel.

Un soir d'août 1882 (hier, demain, il y a mille ans), sous les moulures en plâtre blanc d'un meublé du IVe arrondissement de Paris, Élisa Léontine Deroche ouvre les yeux : moi.

Devant la fenêtre ouverte du salon, mon père contemple la ville, faisant rouler entre son pouce et son index un rideau de coton fleuri. Courbés contre le vent, les badauds hâtent le pas, les sabots des chevaux claquent comme à la parade. Il faut, pour comprendre cet âge d'innocence, se rappeler les toiles des maîtres : les élégantes de Béraud drapées de mousseuses fourrures, les ciels tavelés de Pissarro, Caillebotte et ses parapluies d'argent, le plissé des robes de Tissot... Ici, à Paris, la Belle Époque est celle de l'insouciance mais, bien sûr, les Parisiens ne le comprendront que lorsqu'elle aura pris fin.

Sur le guéridon, mon père fait pivoter le journal du jour afin d'en mieux lire les titres, et soupire. « L'Angleterre jette le masque. » Encore ces histoires de canal de Suez... « C'est le plan de flibustiers qui ne respectent rien, ni lois, ni propriétés, et non de gens civilisés. » Un claquement de langue lui échappe. L'Union générale a fait faillite, une énième crise financière s'annonce, des millions vont partir en fumée... Oh, ce pays ! Ces derniers temps, il rêve de se retirer à la campagne. Un homme loyal et mesuré, mon père. « Ambitions solides, horizons sages. » Ce qui lui importe ? Sa famille, son affaire, quelques amis chers. Mener une honnête existence, conduire sa barque en eaux calmes...

À présent, les langueurs du crépuscule festonnent d'or les reflets de la Seine. Mon père se retourne. Un cri l'a fait sursauter, venu de la pièce voisine. C'est moi, moi, et encore moi à la fin ! Élisa Deroche, petit trésor de fureur braillant en son berceau, qui voudrait qu'on la prenne, qu'on la libère, qu'on lui montre les choses. Las ! ma mère est à peine capable de lever une main. Au-dessus d'une bassine en fer-blanc, occupée à tordre des linges, une sage-femme aux lèvres pincées me jette un coup d'œil sévère.

– J'arrive, mademoiselle. Je ne peux pas être au four et au moulin.

Dos à la fenêtre, trois doigts passés sous son gilet, Charles-François Deroche, mon père, rajuste ses lunettes. Ça y est : l'averse s'en est allée pleurer ailleurs, des parfums d'ardoise mouillée et de fleurs coupées montent dans l'air, les cloches de Saint-Merri sonnent neuf heures. Un soir d'été.

Mon père gagne la chambre. Sur le buffet, encadré, le président de la République, Jules Grévy, lui sourit au passage. Front lisse, main dans la poche : lui non plus ne ferait pas de mal à une mouche.

– Comment se porte-t-elle ?

Gauche, indécis, l'époux s'approche de l'épouse, lui presse le bout des doigts. La sage-femme l'ignore qui, d'un coin de chiffon humide, tamponne les tempes de ma mère. Christine est son prénom, elle vient de fêter son trentième anniversaire, deux années de plus que son homme, ils ont déjà une fille : Jeanne, qui dort chez une voisine. Maman est née à Chambéry, lui à Paris, c'est là qu'ils se sont rencontrés – un dimanche, au jardin des Tuileries, devant le bassin où des garçonnets en vareuse, sérieux comme des papes, lançaient leurs voiliers lestés de plomb.

– Vous ne pensez pas qu'il faudrait lui apporter à boire ?

La praticienne inspire, souffle un bon coup.

– En voilà une riche idée.

Mon père danse d'un pied sur l'autre. De guerre lasse, la sage-femme lui colle le verre vide entre les mains et le pousse vers la cuisine. Il s'éloigne en marmottant.

1887

Avec ses étals et ses lampes sphériques qui, la nuit venue, luisent tels des cocons d'or, le Bazar de l'Hôtel de Ville nous fascine. Nous nous y rendons souvent : Jeanne accrochée aux jupes de notre mère, moi la tirant en avant au milieu des élégantes aux chapeaux larges.

En 1887, notre père décide que le temps est venu de déménager, et nous posons nos malles au 45 rue du Temple, à 200 mètres de notre première adresse.

– Quelle barbe ! soupiré-je en me laissant glisser contre un mur.

C'est dimanche. Notre père, qui termine une partie de baccara avec des amis, hausse un sourcil courroucé. Les couloirs sont encombrés de caisses et de cartons, et personne ne s'occupe de nous. Ma sœur me tire par la manche.

– Tu déranges les messieurs, Élisa. Allez viens, on va ranger notre chambre.

Je rechigne. On nous a promis un spectacle hippique, une promenade à Montmartre, une course de brouettes au faubourg Saint-Germain, mais rien n'arrive. Le mois prochain, ont annoncé les parents, nous irons voir la mer au Havre, ou à Cabourg.

– Et on plongera dans les vagues ?

Ma sœur se frappe la tempe de l'index.

– Tu es folle. Le sel marin, c'est mauvais pour les cheveux.

Je joins les mains en prière.

– Le-sel-marin-bla-bla-bla. Sainte-Marie mère de Dieu.

– Maman !

Cavalcades dans les couloirs, un vase brisé, pas de sortie.

L'année suivante est celle du lancement de la maison Charles Deroche, sise au n° 71 de la même rue, spécialisée dans la gainerie photographique, sacs et étuis pour appareils. Maman seconde notre père, la renommée de l'établissement grandit vite. Des spécialistes défilent dans notre salon : photographes officiels, pionniers chevelus – un certain Léopold-Émile Reutlinger, notamment, extravagant génie qui, plus tard, deviendra célèbre avec ses portraits de Mata Hari, Colette et Sarah Bernhardt…

Notre père travaille pour le Bazar de l'Hôtel de Ville, dont il est devenu un fournisseur attitré. Le soir, épluchant ses factures, mettant à jour ses carnets de commande à la lueur de sa lampe à pétrole, il rejoint rarement le lit conjugal avant minuit. L'entreprise prospère ; à notre tour, nous le voyons peu. Nous nous en plaignons, mais à voix basse.

– Attends-moi !

Claquements de souliers sur le trottoir. Jeanne se retourne, lassée.

– Pourquoi es-tu *toujours* en retard ?

– Une malédiction me frappe.

Mon aînée m'offre une moue consternée et s'éloigne en se tirant les cheveux.

– Bon sang, ce que tu peux débiter comme sornettes…

Je lui cours après. En vérité, nous ne nous quittons pas d'une semelle : Jeanne et Élisa, Élisa et Jeanne, qui peut nous voir l'une sans l'autre ? À l'école de jeunes filles, au 8 de la rue de Montmorency, Jeanne collectionne les prix : « élève méticuleuse », « grande attention aux choses ». Le soir, sur la table du salon, elle ouvre ses livres de classe à la page du jour, dispose son porte-plume à parfait angle droit et se met sans attendre au travail. Je tire ma chaise à son côté, baye aux corneilles, me mords le pouce, lui flanque des coups de coude.

– On-s'ennuie-on-s'ennuie-on-s'ennuie.

– Vas-tu cesser ?

La main en cornet, à la manière d'une espionne, je me penche imperceptiblement.

– Maman a acheté trois bocaux de marmelade d'orange, et je sais où elle les a rangés.

Jeanne secoue la tête.

– Et ?

Sérieuse comme un cénotaphe, elle fait tourner l'une après l'autre les pages illustrées de son manuel d'Histoire. Je croise les mains sous son menton, guigne le lustre – non, mais tu as vu cette toile d'araignée ! –, me lève, me poste à la fenêtre, regarde la bruine au-dehors, le chien des Mouthier galopant gaiement derrière sa queue, le gros vendeur de journaux qui, se croyant invisible, se mouche entre ses doigts, le fleuriste au pied bot qui range ses cagettes en sifflant un air militaire...

Moi aussi, je suis bonne élève mais, de l'avis général, mes capacités de concentration laissent à désirer. Volubile à l'excès, répètent mes maîtres, pleine, trop pleine d'énergie : « éprouve toutes les peines du monde à tenir en place ». Mes fous rires détonnent, ma gaieté déconcerte, frise l'insolence. La bienveillance de mes aînés le cède à l'exaspération. On aimerait que je cesse de m'agiter.

Chaque fois que je suis prise en faute, je me tais et j'attends – rien d'autre. Baisser les yeux est au-dessus de mes forces. Qu'ai-je fait de mal ? Les châtiments tombent, je m'y soumets sans broncher. « Que cela te serve de leçon », répète-t-on. Vœu pieux. J'écoute peu et je n'entends pas. Notre père s'irrite. D'autres me comprennent.

– Fichez-lui la paix, maugrée mon grand-père paternel, qui me considère en bourrant sa pipe. Vous voyez bien qu'elle est dans son monde.

Son fils secoue la tête, claquant des doigts sous mon nez.

– C'est précisément ce que nous lui reprochons. Élisa, redescends sur terre !

Je ne peux pas, papa. Je ne *sais* pas.

– Cette petite n'est pas comme les autres, postule Mme Latour, une vieille apothicaire à chignon gris de la rue du Temple dont maman s'est fait une compagne de commérages, et qui n'a jamais eu d'enfants.

– Il est des différences qui sont bonnes à chérir.

Chaque fois, elle m'offre une sucette au miel, que maman me confisque à peine sortie de son officine.

– Et si tu cessais de faire ton intéressante ?

À l'école, une petite cour d'admiratrices zélées s'est formée autour de ma volubile personne, que je régale de contes rocambolesques. Je me suis inventé un grand-oncle aventurier : à la poursuite d'un crocodile légendaire, le fier gaillard a remonté le Zambèze sur 2 000 kilomètres – à l'heure qu'il est, il pagaye vraisemblablement toujours.

– Et il trouve le temps de t'écrire ?

Eh oui, petites jalouses.

Tout en devisant, j'apprends à mes amies à confectionner des figures de papier : un don inné chez moi. Entre nos doigts empressés naissent des bateaux à voile, des planeurs, des échassiers. M. Delplanque, le gardien de l'école, installe nos œuvres les plus convaincantes sur le rebord de sa fenêtre.

Le dimanche, maman nous amène aux abords du Champ-de-Mars pour aller surveiller les travaux de l'Exposition universelle en pleine préparation. La tour Eiffel sort de terre ; les journaux s'interrogent, la plupart fustigent cette « odieuse colonne de tôle boulonnée ». Fascinée, je place ma main en paravent.

– Elle va s'envoler.

Nous avons six et sept ans quand nos parents nous offrent notre première visite officielle de la manifestation. Dans la galerie des machines, je cherche la main paternelle, esbaudie par la puissance des moteurs à vapeur, l'élégance des mécanismes, des pistons, des poulies, des engrenages. Je veux tout voir, tout comprendre, je pose des questions auxquelles mon pauvre père, incapable de répondre, se pense contraint d'inventer des réponses fantaisistes, et que mon insistance pousse plus avant encore dans un labyrinthe très personnel de mensonges et de demi-vérités.

Nous ressortons, sonnés, le ciel est gris, je demande à prendre l'ascenseur de la tour, on secoue la tête.

– Il y a trop de monde, Élisa. Une autre fois.

Rentrée chez nous, je ressors de leur boîte mes modèles de papier et ouvre les livres que mon grand-père m'a offerts. J'en sais plus, déjà, que l'immense majorité des adultes. Je sais que voler est possible, mortellement dangereux, parfaitement indispensable. Je sais que, depuis quelques années, deux écoles s'affrontent. L'une s'intéresse aux ailes – quelle forme devaient-elles adopter, quelle texture ? Comme s'il s'agissait ni plus ni moins que de percer le secret des oiseaux –, l'autre aux machines. Est-il possible de concevoir un moteur assez puissant, ou doté d'un ratio puissance/poids suffisant, pour hisser un engin et son pilote dans les airs ?

Debout sur une chaise, je lance un planeur à travers ma chambre. Il louvoie sur 3 mètres, puis pique du nez et va finir sa course sur le parquet de l'entrée. Jeanne, qui porte un carton à dessin sous le bras, me considère avec perplexité.

– Papa te demande.

Je saute au bas de la chaise, ramasse l'aéroplane, le range dans sa boîte. Un pilote imaginaire est mort : au suivant ! Mon esprit bouillonne. Certes, nous sommes plus lourds que l'air, mais les oiseaux aussi, alors... Ils battent des ailes, d'accord. La question est : peut-on reproduire mécaniquement ce battement ?

Cette même année, à Berlin, paraît un fascinant ouvrage signé Otto Lilienthal, consacré aux capacités de portance des ailes : *Der Vogelflug als Grundlage der Fliegekunst* (« Le vol de l'oiseau comme fondement de l'art du vol »). En 1873, dans une communication à l'Académie royale des sciences de Prusse, un scientifique de vingt-sept ans son aîné avait pourtant établi de façon irréfutable (pensait-il) que toute tentative de l'homme de soulever son propre poids et de se maintenir dans les airs était, nonobstant la méthode employée, vouée à l'échec. Otto Lilienthal tient, entre autres, à démolir cette sinistre conclusion. De 1891 à 1896, depuis le sommet d'une colline artificielle, il accomplira près de deux mille vols planés à bord de machines par lui-même conçues. La voilure de ses appareils consiste en une structure en bois de saule sur laquelle est tendue une toile de coton. La forme arrondie des ailes, explique Otto, lui a été inspirée par l'observation du vol de cigognes. Le jeune ingénieur, qui vole parfois sur des distances de plusieurs centaines de mètres, a appris à diriger ses délicats engins en faisant peser son corps d'un côté ou de l'autre. Le 9 août 1896, hélas ! une rafale de vent fielleuse le projettera au sol, ce qui lui sera fatal. « Il faut faire des sacrifices », susurrera-t-il au moment de s'éteindre.

Un seul journal français se fera l'écho du drame. Chez les Deroche, personne à part moi ne s'en émouvra.

1890

En novembre 1890, enfin ! lors d'un après-midi sans nuage, je découvre le second étage de la tour Eiffel avec mon père et ma sœur. Notre mère, indisposée, est restée à la maison. Le vent joueur me décoiffe. Doigts refermés sur le treillis, je me balance en rythme puis, ramenant une mèche derrière mon oreille, me tourne vers mon aînée.

– Tu penses qu'on pourrait voler, si on sautait d'ici avec des ailes attachées dans le dos ?

– L'homme n'est pas fait pour voler. Il a des jambes.

– Et une cervelle. C'est comme ça qu'il a inventé la roue.

– Pour le sol, je ne dis pas. Mais les airs ? Nous sommes trop lourds.

– Les oiseaux savent-ils qu'ils sont trop lourds ?

– Les oiseaux ne pèsent pas grand-chose. (Je souris.) Quoi ? s'agace ma sœur.

– Dans notre manuel d'histoire naturelle, ils parlent du condor des Andes – certains font 15 kilos. Ce n'est pas rien, 15 kilos.

– Toi, tu en fais déjà 20. Et quand tu seras grande…

Je ne l'écoute plus. Quitte mon poste d'observation pour aller fureter de l'autre côté, du côté des grands vents. Je rêve d'un monde où l'on apprendrait aux enfants à voler comme on les fait marcher au parc. L'art de la légèreté : une faculté naturelle.

Jeanne me rejoint, décontenancée.

– Tu boudes ?

Je prends sa main et l'embrasse. Avoir des discussions avec moi, prétend ma sœur, devient de plus en plus difficile. Je me lasse vite, dirait-on, juge immédiatement un sujet épuisé, passe sans transition à un autre.

Ce soir-là, mon grand-père, qui a eu vent de mes réflexions, referme mes doigts sur une poignée de caramels mous.

– Ne laisse pas s'affadir ce fier caractère.

– Tu ne vis pas avec elle, commente mon père. Je te jure : c'est éreintant.

Il y a ce calme déconcertant, aussi, qui jure avec mes excès, mes allants, mes bonds de cabri. Aucun drame, aucune douleur ne semble me toucher vraiment. Moi, naturellement, je ne me rends compte de rien.

– Humeur bravache, prescience des choses, ânnone, dans sa chambre enténébrée, une vieille cousine un peu médium en inspectant les lignes de ma main.

Selon elle, c'est une sagesse très ancienne qui m'habite, venue des profondeurs.

– N'importe quoi, raille ma sœur quand je lui fais part du diagnostic. Tu es folle, un point c'est tout.

Une douleur brève passe dans son regard, aussi brève que notre enfance, que la vie, que le monde. La chrysalide se déchire. Ma Jeanne me sent, dit-elle, m'éloigner d'elle, « je ne sais jamais à quoi m'en tenir avec toi ! ». De temps à autres, c'est à maman qu'elle se confie. L'oreille collée à la porte, je l'écoute parler de moi.

– Parfois, j'ai l'impression qu'elle n'est pas comme moi, pas comme nous… Et si elle n'était pas ma sœur, au fond ?

– Tais-toi donc.

– Je suis sérieuse. S'il y avait eu une erreur ?

La main de notre mère, dans les cheveux de ma sœur, tremble modestement. Elle ne répond pas mais, bien entendu, elle pense la même chose.

1891

Pour mon neuvième anniversaire, mon père me fait cadeau d'un adorable poney du nom de Barbot, né au Jardin d'acclimatation. Certes, ce n'est pas « mon » poney, il vit dans les écuries du parc où des employés s'occupent de lui, mais notre père l'a « loué » pour une année reconductible.

Chaque fois que je me rends au Jardin, j'ai le droit de le monter : plaisir sans égal. En l'espace de quelques semaines, j'ai acquis, dans l'art de l'équitation, une maîtrise étonnante pour mon âge, et il ne faut pas longtemps avant que je ne réclame une monture de stature supérieure. Mon père refuse. Louer un cheval coûte déjà fort cher, ni lui ni maman ne peuvent m'accompagner le dimanche, ils ont un magasin à faire tourner, « ne veux-tu pas, pour une fois, te contenter de ce que tu as ? ». Bientôt, et après que, dans la catégorie « saut d'obstacles », j'ai remporté un aimable concours réservé aux enfants de huit à treize ans, je commence à délaisser Barbot.

À la fin de l'année, mon père fait savoir aux responsables du manège que l'abonnement ne sera pas renouvelé.

1892

– Ravachol a été guillotiné, annonce notre père, refermant *Le Petit Journal* avec soulagement. C'en est peut-être fini des bombes.

Maman lui sert son café, et sa main reste sur son épaule. Sous nos fenêtres, le père Guimard, un vieux loqueteux connu de tout le quartier, passe et repasse avec son orgue de barbarie. Samba, un perroquet gris du Gabon perché sur son épaule, harangue les passants.

– Fumisterie ! Fumisterie !

Au mois d'octobre 1892, notre grand-père François, souffrant d'une sévère infection au foie, est emmené à l'hôpital Tenon, dans le XXe arrondissement. Le mal a frappé sournoisement, sans prévenir ; pronostic réservé.

Tout de suite, il est convenu que nous allons nous relayer au chevet du patriarche. Parfois, en dépit de mon jeune âge, je suis laissée seule avec lui, attendant qu'une parente nous rejoigne ; ma présence, je crois, apaise son esprit. Les infirmières, qui m'ont prise en affection, entrent dans la chambre sans frapper, pour donner un peu d'air ou arranger les fleurs. Assise à son chevet, je tiens la main de mon grand-père au creux de la mienne et, ignorant sa respiration hachée, ses râles, le couve d'un regard imperturbablement calme.

– On dirait que tu connais un secret, dit-il.

– Un secret ?

– Quelque chose que tu ne peux pas révéler. Quelque chose qui t'habite tout entière.

– Il n'y a pas de secret, grand-père. Ou alors : je suis le secret.

Il me tapote la main. Une ombre de sourire passe sur son visage.

– Voyez-vous ça, murmure-t-il, et il se tourne vers la fenêtre.

François Victor Deroche rend son dernier souffle le 31 octobre de l'année 1892. Ses respirations s'allongent, s'espacent, jusqu'à la dernière. Je suis seule avec lui lorsque cela se produit. Et quand, une heure plus tard, mon père, que les infirmières ont fait prévenir, paraît hors d'haleine sur le seuil, son chapeau à la main, je me tiens toujours à son côté, assise bien droite, mes doigts fermés autour de sa froide menotte raidie.

– C'est fini, papa. Il vient de partir.

Mon père gagne la fenêtre et la ferme.

– Quand ?

– Où, tu veux dire.

Au pied du sapin, cette année-là, je ramasse un livre entouré de papier argent. Assis à la table du salon, mon père me regarde déballer mon présent d'un air absent. Je relève la tête vers lui. On me fait signe d'ouvrir le livre ; ce sera le dernier. Une carte est glissée derrière la couverture. Quelques lignes d'une écriture fine, tristement définitive.

Rêve sans relâche, ma chère petite, ne laisser rien filer de tes espoirs et de tes ambitions. Puisse cet ouvrage t'aider à prendre ton envol. Ton grand-père, François. Sur la couverture, un homme aux ailes d'ange, tourné vers un soleil ardent, cloué comme un trophée au milieu de l'azur. *À la conquête du ciel,* Hubert Charlevent.

Le soir venu, assise en tailleur sur mon lit, je tourne les pages, effleure les gravures, hume l'odeur du papier jaune. Histoires, contes de vol et d'échappées grandioses. Là-haut, sous les nuées, les vents et l'audace ne font qu'un. On tutoie la mort, on invoque les zéphyrs et moi, qui vis désormais à l'intérieur du livre, je rejoins ces hommes en souriant et les serre dans mes bras, comme si c'était à mon grand-père que je disais adieu.

Au tournant du XVe siècle, à Pérouse, Giovan Battista Danti, mathématicien et ingénieur italien qui s'était harnaché d'un appareillage de son invention, grimpa au sommet d'une tour crénelée, bondit à la rencontre du vent et plana un temps, oui ! survola le lac Trasimène et les vieux chênes de ses rivages, bravant la divine comédie de la pesanteur, avant que le support métallique de son aile gauche se rompe d'un coup, l'envoyant valdinguer sur le toit d'une église.

Cinq siècles plus tôt, Eilmer de Malmesbury, moine bénédictin qui avait fixé des ailes à ses mains et à ses pieds, gagna en psalmodiant le clocher de sa chère abbaye, offrit à l'azur un doigt mouillé et, plein de résolution, bondit. « Allant chercher la brise au sommet d'une tour, raconte l'un de ses coreligionnaires, il vola sur plus d'un stade. Mais, agité par la violence du vent et les tourbillons de l'air, ainsi que par la conscience de la témérité de son acte, il tomba et se brisa les deux jambes. »

En 875, le poète Abbas ibn-Firnas qui, au préalable, s'était couvert de plumes de grue, ficela deux ailes à ses bras et s'élança au cœur de l'éther. Le nom d'Armen Firman, à la même époque, est pareillement évoqué qui, à Cordoue, se serait jeté d'un beffroi vêtu d'un seul manteau tendu d'entretoises.

Saisie d'un trouble indéfinissable, je referme l'ouvrage. La folie de ces hommes, je ne saurais dire en quoi, me touche au plus profond. Vaincre la pesanteur, voilà ce qu'ils désirent. Trouver là-haut ce qui leur manque ici. Toutes ces histoires convergent : c'est Icare, grisé et ébloui, Icare chanté dès le frontispice, vibrant d'une espérance avide, trouvant au paradis porte close. Il chute, à la fin ! Bien sûr qu'il chute, telle une pierre appelée par la mer qui, à la seconde même de l'impact, deviendra le ciel et portera son nom – la mer Icarienne. Mais il l'a fait pour nous. Sa débâcle a éclairé le monde.

Je pose le livre au pied de mon lit et me couche sur le flanc, habitée.

Le sommeil referme sur ma face une paume gantée de noir, et une pluie d'étoiles m'abreuve. Au réveil, je n'ai pas bougé. J'ai volé, cette nuit.

Je me lève ; un silence nouveau m'habite, comme si j'avais rapporté avec moi un peu de l'âme des cimes.

Bagarres d'été au Quartier latin. Étudiants contre gardes municipaux. Des tramways ont été ôtés de leurs rails et renversés pour servir de barricades. Un jeune commis agité raconte la scène à mes parents.

– « La garde ! La garde ! » Ça hurlait, je peux vous le dire ! Ça cramait de partout !

Brasiers fumants, charges brutale… Il est bouleversé. Mais content aussi, cela se voit, d'avoir fait le coup de poing. Maman lui a servi un grog fumant, sa chemise est maculée de suie, dans la cohue, il a perdu sa casquette. Nous nous approchons, fascinées. Mon père se tourne vers nous.

– Qu'est-ce que vous faites encore ici, toutes les deux ? C'est l'heure d'aller au lit !

Tremblante, ma sœur proteste en tortillant sa chemise de nuit :

– Ce n'est pas juste ! On a le droit de savoir !

Elle se tourne vers moi, tout étonnée de sa propre audace. Du plat de la main, papa tape sur la table.

– Suffit !

Nous battons en retraite. Jeanne pleure dans son oreiller ; moi, je m'endors bien vite, et rêve. Un rêve désagréable : à l'assaut d'une montagne enneigée, je monte et monte encore, mais plus je m'élève, plus le ciel s'éloigne, jusqu'à ce que je me rende compte qu'il ne s'agit que d'un décor de carton-pâte.

Le lendemain, nous partons à la mer. Train bondé, malle brinquebalante, jurons et bousculade, il faut jouer des coudes.

– Les filles ! soupire maman. Restez avec moi !

Je m'aventure dans la travée centrale. Une vieille dame confortablement assise pioche dans un sachet de cachous.

– Je peux en avoir un ?

La dame me toise. Ses cheveux blancs sont fins comme de la paille. Maman vient me chercher, m'attrape par le paletot.

– Toute mes excuses. Je ne sais pas ce qui –

– Je peux en avoir deux, dans ce cas ?

La dame ouvre de gros yeux.

– Tu ne manques pas de toupet, toi.

– On me prive de bonbons.

– Très bien, cingle maman en me tirant en arrière, fin du spectacle.

À l'hôtel, la chambre promise n'est qu'une soupente donnant sur la rue principale, et la plage est noire de monde. Sous la brise vaste du large, des cerfs-volants bataillent et s'emmêlent. Notre mère veut absolument acheter de la sole, mais les étals des poissonneries ont été dévalisés.

– Du cochon grillé, suggère ma sœur. Avec des pommes de terre.

– De la biche, renchéris-je. De la petite biche menue sans pommes de terre. Sur un lit de cresson.

– Vous me tuez, soupire notre mère.

Le soir venu, des élégantes défilent à bicyclette, culotte courte sur bas de soie noire, grande casaque à longue basque, serrée à la taille par une ceinture de cuir.

– Je veux être comme elle ! m'exclamé-je, suivant du doigt une jeune femme en pantalon bouffant qui salue les hommes dans un grand rire.

Mon père me serre la main plus fort.

– Ma petite machine à sottises. Allons voir le coucher de soleil.

1894

Des bombes explosent encore : à la Chambre des députés, aux abords de la gare de l'Ouest, puis dans un meublé de la rue Saint-Jacques. En juin 1894, à Lyon, c'est le président Carnot qui est assassiné, poignardé par un anarchiste, « une saleté de rital », lâche M. Lagrange, le boucher de la famille.

Dans les pages « Politique », notre père suit avec passion l'affaire du capitaine Dreyfus, accusé de trahison. Sa lecture achevée, il laisse le journal sur la table. Je m'en empare aussitôt. Ce qui m'intéresse, moi, c'est la course de voitures automobiles Paris-Bordeaux, 1 200 kilomètres de féroces pétarades, vapeur, pétrole, électricité...

– Les Peugeot sont les meilleures ! affirmé-je, péremptoire, en tapotant la photographie de la voiture n° 16, la première quatre places à franchir la ligne de la porte Maillot.

Ma sœur s'installe, un bol de tisane entre les mains.

– Vraiment, tu t'intéresses à ce bazar ?

– Quarante-huit heures quarante-huit minutes pour la première !

– Tu m'en diras tant.

De Dion-Bouton, Serpollet, Peugeot, Panhard & Levassor... J'apprends les marques, dévore les illustrés, m'enquiers des classements. À notre père dubitatif (« Ce n'est pas une passion très saine pour une jeune fille »), je montre la page du Grand Prix vélocipédique de Paris.

– Et là, tu m'emmèneras ?

Il me prend le journal des mains, le roule et le fourre dans la poche de sa gabardine. Notre mère lui tend son chapeau.

À l'école de jeunes filles du 23 de la rue Geoffroy-l'Asnier, où je poursuis ma scolarité au côté de ma sœur, l'ennui, me semble-t-il, est érigé en dogme. Jeanne rafle des prix d'arithmétique et de rédaction, moi d'inattention. Je perds des heures à rêvasser en regardant par la fenêtre. Un jour, un moineau s'écrase contre la vitre. « Catastrophe aérienne », noté-je en marge. Et grand évènement ! J'ouvre la fenêtre sans attendre, mes coreligionnaires se précipitent. Notre professeure de français, dépassée, agite sa baguette.

– Mesdemoiselles...

Je recueille le grand blessé. Petit cœur tiède entre mes mains. Une amie tire un mouchoir. Le linceul est déplié sur la table.

– Mesdemoiselles, un peu de tenue !

Le héros tremblant agonise sous nos yeux embués. Je referme le mouchoir sur lui, glisse le trépassé dans mon sac, décrète un deuil immédiat.

– Les funérailles auront lieu au crépuscule sur le pont Louis-Philippe. J'ai dit !

Deux heures de retenue.

Mais il est, heureusement, d'autres distractions que la mort. À l'hôtel de Chalon-Luxembourg, presque en face – brique rose, pierre blanche et toit d'ardoise presque en face –, un peintre apparemment très connu a installé ses quartiers, qui cherche des modèles. Son neveu s'appelle Arthur.

– Arthur comment ?

– Arthur tout-court.

Arthur porte des vestes de velours, noue à son cou des foulards de soie marine, fume d'horribles cigares senteur poivre et se prétend « catholique à l'excès ».

Nous discutons souvent, après la classe. De la mort de Verlaine, de la course Paris-Tours, de l'orage qui arrive. Jeanne m'attend au bout de la rue, mais j'ai « une course à faire », lui dis-je un beau jour : au petit galop, je rebrousse chemin et rejoins Arthur tout-court devant l'église Saint-Gervais.

– Visite privée ! clame-t-il.

Ma main chaude est captive de sa main brûlante. Exalté, il me montre les grands orgues, la *Sagesse de*

Salomon en vitrail, les toiles italiennes, une Vierge de douleur exquisement sculptée, la chaire et ses évangélistes. Nous trouvons refuge dans les stalles. Son souffle est trop proche du mien.

– Tu as la peau d'une poupée.

– Bas les pattes.

– Et des lèvres de conte de fées.

Il écrase les siennes sur ma bouche. Je me laisse faire, mais tapote sa main pour qu'elle reste en place.

Son haleine sent le cigare, ce n'est pas désagréable.

– Je dois rentrer, dis-je.

– Épouse-moi. Partons pour les îles. Le Pacifique. Je te peindrai.

– Je croyais que c'était ton oncle, l'artiste ?

Il ferme les yeux, souriant.

– Tu veux que je te présente ?

– Certainement pas. Du reste, il faut que je rentre. Jeanne a dû alerter tout Paris.

Je me redresse, gagne la travée centrale en brossant ma blouse. Il trottine derrière moi.

– Qui est Jeanne ?

– Ma geôlière. Ma meilleure amie.

– Je la tuerai, si tu veux.

– Non merci.

Arthur est, d'une certaine façon, le premier. Il me peint, oui, et très mal, au dernier étage de l'hôtel. Ses mains m'inventent au mieux, sa fébrilité m'enchante, dans la semi-pénombre, il profère des serments impies. Je pourrais lui demander de renier sa foi.

– Tu es horrible, me dit Jeanne, à qui je raconte tout.

Je hausse les épaules.

– Et toi jalouse.

1897

En mai 1897, au moment où se déclare l'épouvantable incendie du Bazar de la Charité, c'est un certain Alfred Mestier, un étudiant en droit, qui me poursuit de ses assiduités. Son père est un client du mien, il loge dans un petit hôtel particulier du Quartier latin, et ne chevauche jamais deux fois la même bicyclette.

– On va faire un tour ?

– Tu n'as donc pas entendu les nouvelles ? (Il incline la tête.) Ça flambe dans le VIIIe.

– Je comptais t'emmener du côté de Vincennes.

– C'est exclu.

Il se gratte le menton.

– Le VIIIe, allons bon… Tu connais des gens, là-bas ?

– Je ne sais pas. Il faut que j'aille voir.

Il offre de m'accompagner. Je lui presse gentiment le bras.

– Mon pauvre. Ce serait trop dangereux.

– Tu crois que j'ai peur ?

– De voir des corps brûlés ? Oui.

– Mais toi pas.

– Voilà.

Je remonte chez nous, le laissant pantois. Tard ce soir-là, aux abords de la rue Jean-Goujon, tandis que des fumées âcres s'élèvent encore, les autorités s'activent parmi les débris et la boue grasse pour exhumer les derniers cadavres et les transférer au Palais des inventions. Sous des draps jetés à la hâte, des hommes au visage grave transbahutent de lamentables choses toutes calcinées, dont il est difficile d'affirmer qu'elles ont encore forme humaine. Il reviendra aux membres de leur famille, nous explique-t-on, de les identifier avant inhumation.

Bras croisés, au cœur de la foule tenue à l'écart par les agents de police, j'observe le terrible manège cependant que ma Jeanne, qui a plaqué un mouchoir sous son nez, me tire avec insistance par le poignet.

– Qu'est-ce que tu veux savoir de plus, hein ? C'est de la curiosité malsaine.

Je pose mon regard sur elle.

– Tu ne sens pas ?

– Quoi ? Le brûlé ?

– Le silence. (Je me tourne vers les ruines.) Être ici est important. Rester pour ceux qui partent.

La mort exerce sur moi un attrait inexplicable : comme si quelque chose se préparait déjà. Au moment des condoléances, plus tard, je tiendrai serré le bras de la veuve ou de l'affligé et, sans un mot, plongerai mes yeux dans les siens. Une connivence d'un autre âge brille dans mon regard qui produit parfois, sur l'endeuillé, un effet rassérénant. Je ne sais rien de plus. On ne me demande rien de plus.

Émile Zola accuse, fermement ; je file aux Tuileries pour admirer l'Exposition internationale d'automobiles ; pour l'année prochaine, on nous promet le métro : les travaux ont débuté.

Moi ? J'aide à la boutique, prends d'assommants cours de sténographie et, quand les beaux jours paraissent, m'en vais canoter au Bois. Le président Félix Faure s'écroule, des blagues grivoises fleurissent, je volette, insouciante, cours les guinguettes et les bals populaires. Bientôt, les apprentis fiancés défilent. Mon père se détourne, maman s'offusque.

– Qui est-ce encore, celui-là ?

– C'est Louis, pardi : il est dans les affaires.

– Quelles affaires ? Où est passé Georges ?

– Je te l'ai dit : Georges était un paltoquet.

– Il avait du bien, au moins.

– Et puis quoi ? Je n'épouse pas un portefeuille. De plus, Louis m'amuse.

– L'amour n'est pas une plaisanterie.

– Ah ? J'aurais mal compris.

Maman se détourne à son tour. Se plaint à ma sœur en touillant le pot-au-feu du dimanche.

– Lucien l'imprimeur… Je l'aimais bien, Lucien ! Et puis Arthur. Georges. Maintenant Louis, et j'en oublie sans doute. Ta sœur ne sait pas ce qu'elle veut.

– Elle sait ce qu'elle ne veut pas.

– C'est un papillon.

1900

Le 4 août 1900, à la mairie du IVe arrondissement, tandis que la cinquième Exposition universelle de Paris battra son plein, Élisa-papillon donnera son « oui » à Louis Léopold Thadome, de neuf ans son aîné.

À ma famille, je ne livre l'annonce qu'une poignée de jours avant la date. À dire vrai, je ne tiens pas à accorder à cette affaire plus d'importance qu'elle n'en mérite. Tous trois, je le sais, désapprouvent cette union. Il faut dire que mon Louis est un homme au passé agité.

– Agité comment ?

Hélène, une amie serveuse, passe sa pause du soir avec moi.

– Deux ans de prison.

– Intéressant.

– Vol qualifié, a dit le juge.

– Qu'a-t-il volé ?

– Mais rien du tout ! « Mauvaises fréquentations », c'est tout.

Hélène ricane. Me pince la joue.

– Et ça continue, drôlesse !

Pauvre Louis bafoué. Un soir que nous dansions dans un bal des bords de Seine, il m'a prise par la main et m'a emmenée loin des musiciens. « Je comprendrais que tu prennes tes jambes à ton cou, petit soleil. Je te jure : je le comprendrais vraiment. Mais j'ai purgé ma peine, il faut me croire. Je suis un homme neuf. »

– Après ça, expliqué-je à Hélène, il a été affecté à un bataillon d'infanterie légère d'Afrique et devine quoi ? L'expérience ne l'a pas conquis. En 1897, refus d'obéissance : un an de cabane.

– Ah, les vaches !

– Tu l'as dit.

Hélène me sourit, et je prends cela pour un encouragement. Mon Louis, elle l'a déjà vu deux fois, et je sais qu'il lui plaît. Un grand gaillard brun et tapageur, fier noceur avec ça...

Mais ma chère Jeanne, elle, qui s'apprête à entrer au service de notre père, ne comprend « absolument pas » quelle mouche m'a piquée. Une toquade, répète-t-elle. Elle n'a croisé le monsieur qu'en trois occasions et cela, assure-t-elle, lui a amplement suffi.

– C'est à cause de son tatouage ?

– Je me moque de cela.

– De sa cicatrice ?

– Mon Dieu.

« Hâbleur », « imbu de sa personne », mon époux n'est rien d'autre, aux yeux de ma grande sœur, qu'un bandit de grand chemin, « sans même l'étoffe d'un vrai criminel ». Comment moi, si fine et avisée, ai-je pu me laisser abuser par semblable butor ?

– Je te retourne la question, lui dis-je un jour au magasin, où elle seconde désormais notre père. Me crois-tu folle ?

Jeanne me dévisage avec commisération.

– Aujourd'hui, oui.

Je tire un tabouret derrière le comptoir, me hisse en inspectant mes ongles. Dans un coin du magasin, un vieux photographe à barbichette inspecte, en la retournant entre ses doigts, une sacoche en cuir de veau.

– Louis me fait rire, commencé-je. Il ne se pose pas de questions. C'est un homme d'action.

– Très rassurant.

– Je ne compte pas me marier pour rassurer qui que ce soit.

– Pour quoi, alors ?

– Parce qu'il me protège. Parce qu'il me laissera tranquille : je le sais. Parce que je veux un enfant de lui.

– Te laisser tranquille ? Je ne comprends même pas ce que ça signifie.

Le vieux monsieur s'approche, embarrassé. Par un signe, Jeanne me fait comprendre qu'elle doit s'occuper de lui. Me laissant tomber de mon perchoir, je pars inspecter le rayon des étuis pour objectifs. Ma chère, ma si grande sœur – si effacée, si raisonnable ! Personne ne doute qu'elle secondera mon père à merveille.

Pour ma part, je suis agitée de projets d'une autre nature. Depuis quelques mois, maintenant, je pose pour Paul Boyer – l'un des nombreux « amis de la famille », un photographe de belle tenue qui, entre autres, commercialise des cartes postales fantaisie ornées de portraits de jeunes femmes. Notre rencontre initiale n'a duré qu'une dizaine de minutes. Il m'a présenté une chaise, s'est installé à son bureau et a commencé à prendre des notes tout en me jetant des coups d'œil.

– Nez droit, lèvres fines, sourcils délicats. Philtrum prononcé – mais sans excès –, texture de peau élastique : ma chère, vous voilà embauchée.

– Je vous demande pardon ?

Il s'est levé, rajustant son gilet.

– Je plaisante. Quoique à moitié seulement. L'ombre rêveuse qui voile votre regard ? Essayez de la garder. La tendance est à la mélancolie.

– Je ferai de mon mieux.

– Et puis changez de shampoing, demandez conseil : je trouve vos cheveux un peu secs. Visage rond, cascade brune, il émane de votre physionomie une volupté bienvenue. Revenez la semaine prochaine, si cela vous sied. Neuf heures ? Nous ferons des essais.

Des essais nous avons faits, qui se sont transformés en séances de pose prolongées. On m'a prêté des tenues. On m'a présenté des chapeaux. De cette occupation, je ne me suis ouverte pour l'heure qu'à ma sœur ; devançant les réserves de mes parents, soucieuse de ne pas les affoler, j'ai fait demander à l'artiste de garder le secret.

Le grelot de la porte tinte enfin. Jeanne, qui a raccompagné son acheteur à la sortie, reprend sa place derrière le comptoir.

– Je suis inquiète pour toi, décrète-t-elle. Ton Louis, de quoi vit-il ? Et toi, que feras-tu ?

Je danse devant les valises.

– Tout, ma sœur ! Je veux tout vivre. Rire, jouir, profiter du temps qui m'est donné. En pleine liberté ! Et je sais que Louis ne sera pas une entrave.

Jeanne soupire. En cet instant, je le sais, elle se sent terne, médiocre, sans imagination : conventionnelle. Pour autant, m'assurera-t-elle en me souhaitant le bonsoir, il s'en faut de beaucoup qu'elle m'envie. Jamais sa nature paisible, portée à la sagesse, ne pourrait s'accommoder d'un alliage aussi hasardeux que le nôtre.

Deux témoins discrets, les parents de Louis, son frère, un vieil agent de mairie maniéré, un soleil voilé derrière les rideaux de taffetas : l'affaire est rondement menée. Dans les escaliers de l'hôtel de ville, mon époux tout neuf m'attrape par le bras, me serre contre lui et offre à l'objectif une œillade égrillarde.

– Allons fêter ça ! clame-t-il.

Je me dégage, souriant malgré la gêne.

– Doucement, mon ami.

Descendant à reculons, ébranlé, le photographe manque plusieurs fois trébucher.

– Pour ce qui est de la facture...

Mon mari l'écarte d'un geste impatient.
– Ne gâchez pas tout.

Louis se moque des cérémonials. Il ignore les regrets et ne rit de ses erreurs que lorsqu'il se les rappelle.

– La faute est notre meilleur professeur, martèle-t-il. *Ars longa, vita brevis*, comme répétait mon adjudant.

Sur sa table de chevet, dans son modeste meublé de la rue de Turenne, les clichés qu'il a de moi, dûment encadrés, veillent comme des totems sur son lourd sommeil. Fleurs dans les cheveux, Élisa – gorge nue, collier de perles.

– Et ce regard de braise ! s'extasie l'époux comblé, s'éventant avec un cliché tandis qu'allongée à son côté, je fais courir deux doigts sur son torse velu.

Puis il se tourne vers moi.

– La même que sur la photo, murmure-t-il, énamouré. Douceur et joie de vivre, avec ce je-ne-sais-quoi d'ailleurs…

Il me fait basculer, m'écrase de sa carcasse de pirate. Je suis venue habiter chez lui en attendant mieux.

– Mieux ? ricane Louis. Pourquoi, mieux ? De quoi, mieux ?

Sa main forte sur ma cuisse de lait, son haleine de noceur, cette bague en laiton, une tête de bouc en tatouage, « souvenir de prison », raconte-t-il.

Je ne lui pose pas de questions. Il a « vécu », fréquenté des « drôles », et puis est arrivé ce qui est arrivé, « et je n'ai de leçons à recevoir de personne, petit soleil ». Il travaille dans une papeterie, affirme-t-il, à Créteil, je n'ai qu'à vérifier ; en outre, il a des « affaires ». Un ami à Joinville, un autre aux Batignolles. « De l'import-export », des tapis, des narguilés. Souvenirs du Maroc.

– Tu ne manqueras jamais de rien.

J'ai choisi de le croire et de l'aimer. Quoi de plus simple ? Non seulement il me laisse libre, mais il prise ma liberté, claironne-t-il, la goûte tel un nectar.

– Tout Paris à tes pieds, bientôt, bientôt !

Des photographes me prêtent des robes, disposent des châles sur mes épaules.

– J'adore ta peau..., gémit-il, langue dardée.

Le casque brun de ma chevelure, une fleur coquette piquetée dans la masse ondoyante... Parfois, il assiste à mes séances, joue avec conviction la partition du mari comblé.

– Baissez gentiment la tête, me demande l'assistant de M. Boyer. Regardez-moi, à présent. Comme si je revenais de la guerre et que vous m'attendiez depuis dix ans !

Dans la prunelle de Louis, une lueur noire passe tel un corbeau.

Le soir venu, nous nous retrouvons, avec des amis, nous nous encanaillons au *Café Anglais*, partons baffrer chez *Bofinger*, courons les guinguettes du bois de Boulogne. Louis est un excellent et vigoureux danseur, acrobate à ses heures. À chaque comptoir, un ami le reconnaît et lève sa chopine. Je fais la connaissance d'un taxidermiste, d'un lutteur, d'un ancien capitaine de navire. Les patrons des cafés l'appellent par son prénom, parfois le font entrer dans l'arrière-salle.

– J'ai quelque chose pour toi, lui glissent-ils en me jetant un regard méfiant.

Et puis, au mois de septembre, maman meurt. Une crise d'apoplexie, d'abord, un éclair craché par la nuit : sur le trottoir, la petite âme malmenée s'abat et, dans le ciel de mon avenir, c'est comme un premier coup de semonce.

Une bonne amie, qui l'accompagne, la ramène chez elle, la soutenant à grand-peine. Elle lui fait respirer des sels. Notre père, en déplacement, ne rentrera que le lendemain matin.

– Je vais passer la nuit ici, déclare l'amie. C'est plus prudent.

À quatre heures, hélas ! une nouvelle attaque foudroie maman, annoncée par un cri étranglé. L'amie bondit. La malade qui, en chemise de nuit, s'est traînée jusqu'au salon, se laisse choir entre deux coussins et agite une main, presque agacée, comme si elle regrettait de se donner en spectacle. Elle ferme les yeux.

– Je vais bien, je vais bien, juste un léger mal de tête.

C'est une femme qui ne se plaint jamais. Tout de même, elle demande un verre d'eau.

– Je te l'apporte, répond l'amie inquiète.

Le temps qu'elle revienne et Christine Deroche née Gaillard gît, menton collé à la poitrine, les yeux rivés sur le néant.

La suite ressemble à une pièce mal montée, jouée par des acteurs amateurs. Aux portes du studio, on vient me quérir au petit matin (je n'ai pas passé la nuit chez moi, on m'a cherchée partout) tandis que je pose, alanguie, sur un banc de bois sculpté, triturant une étole de soie. À voir la figure décomposée d'Albertine, l'amie de ma sœur, je comprends immédiatement que quelque chose de grave est arrivé.

– Qui ? demandé-je.

Devant chez nous, au 45 rue du Temple, dans les frimas de l'aube : le docteur Blanchard, notre dévoué médecin de famille, stéthoscope à la main, piétine.

– Mes pauvres petites.

Dévalant les marches, Jeanne vient s'effondrer dans mes bras, secouée de sanglots.

– Élisa, Élisa, qu'allons-nous devenir ?

Je passe mes doigts dans sa chevelure dénouée. Là-haut, sur le sofa : notre père prostré relève soudain la tête. Visage cramoisi, lunettes sur le parquet… Voici un homme anéanti. Qui tremble malgré lui.

Le corps de son épouse a été emmené dans la chambre. Laissant ma sœur, je m'accroupis devant mon père, prends ses mains dans les miennes, les porte à mes lèvres.

– Papa. Papa, regarde-moi !

Il a vieilli de dix ans. Je lui tends un mouchoir. Il balbutie des mots dont il ne se souviendra plus, et tant mieux. Il a franchi le seuil, comme il le dira plus tard. Devant lui : un désert.

Maman est inhumée le lendemain au cimetière de Bagneux. Il y a foule pour Christine Deroche : des relations de la famille, des clientes ou des épouses de clients, des dames qu'elle a connues à la boutique et qui sont devenues des amies, plus une floppée de cousins plus ou moins éloignés. L'homélie est brève. Que dire d'une femme de devoir ? Épouse dévouée, mère attentive, appréciée de tous et de chacun.

Les yeux levés au ciel, guettant la première pluie d'automne, je me suis mise à l'écart. Des lourds nuages s'amoncellent, là-bas, des rêves gris-noir au goût de cendre. Louis est parti trois jours à Rouen, je lui ai envoyé un télégramme, « NE VIENS PAS. STOP. », c'est mieux ainsi. Au bord de la tombe, ma sœur soutient notre père, penché en avant comme pour sonder l'abîme.

À mes pieds, une goutte lourde s'écrase dans la poussière. Personne, apparemment, n'a pensé à emporter un parapluie. Je rajuste ma veste et pars rejoindre les autres.

Maman a été une femme austère, imperturbablement sérieuse. Élisa, pour l'amour du ciel, essaie de te tenir un peu ! Cesse donc de faire le clown. Qui est ce malandrin ? Pense à ton avenir. Regarde ces souliers crottés.

Nous ne nous sommes jamais réellement comprises, toutes les deux, et pourtant, à travers la brume des non-dits, les regimbades et les regards inquiets, j'ai toujours senti l'amour. Une main tendue, un sourire lointain, le sourd martèlement d'un cœur qui, désormais, ne battra plus pour personne. Lentement, quelque chose s'effrite en moi.

Louis me trouve chez lui, assise sur notre lit dérangé, un recueil des *Essais* de Montaigne ouvert sur les genoux. « Oh-oh », fait-il en se laissant tomber à mon côté. Il sent le tabac, le vin chaud à la cannelle. Il a rencontré un ami à la gare, m'explique-t-il. Il me prend mon livre des mains, m'embrasse avec délicatesse. « Petit oiseau des îles. » Si calme petit oiseau. Si fatigué. Il m'allonge, s'étend à mon côté, prend appui sur son coude, et me parle longuement d'Afrique, d'antiques cités enfouies, de sables d'or et de mirages. Bientôt, sourire aux lèvres, je fais mine de m'assoupir. Il m'observe un moment puis, avec mille précautions, se lève, attrape son canotier, sa veste, et sort, bêtement satisfait.

Au côté de son père, ma Jeanne travaille désormais à plein temps pour le magasin. Elle a déménagé sur les lieux mêmes – au 71 rue du Temple, dans un vaste appartement au premier étage.

Louis et moi nous sommes installés chez les parents d'icelui, rue de Richelieu, à deux pas du Palais-Royal.

Au cours de l'automne, je commence à être prise de fatigue et de nausées. Mon ventre s'est arrondi. C'était dans l'ordre des choses, expliqué-je à ma sœur. Mes beaux-parents m'aideront, leur logis est assez grand pour que nous gardions notre intimité, et puis haut les cœurs ! Louis a trouvé un nouveau poste dans une papeterie, il semble prendre son rôle de futur père assez au sérieux.

Penchée sur ses comptes, ma sœur se mord les lèvres pour ne pas prononcer les paroles de trop. À plusieurs reprises, argue-t-elle, elle a essayé de discuter avec son beau-frère.

– Il faut que tu apprennes à le connaître, ai-je plaidé.

Mais impossible, a-t-elle rétorqué. Comment se faire à ses manières rustaudes et à sa fatuité benoîte ? Elle ne décèle, dans ses discours, que demi-mensonges et molle inconséquence.

– Tu mérites tellement mieux, se lamente-t-elle. Rien de bon ne peut naître de cette histoire.

1901

Le 11 août 1901, la petite Raymonde Marguerite Thadome vagit dans la chambre nuptiale de la rue Richelieu. La mère de Louis, aux aguets, a fait mander une amie sage-femme. À bout de forces, je tiens mon trésor contre mon sein, ma main sur sa nuque de poupée.

De l'autre côté, j'entends Louis faire les cent pas, fumant le cigare en bras de chemise. Quand ma porte s'ouvre, il s'arrête net. Tout s'est bien passé, déclare la sage-femme, félicitations, c'est une petite fille, elle est magnifique. Je n'ai pas vingt ans.

Une joie surhumaine m'envahit, qui se passe de mots. Cette enfant, je le sens, est l'ancre qui me rattache au monde. Il me semble que je n'ai vécu que pour cette heure, et que c'est elle, et elle seule, qui donne un sens à ma présence au monde. Pendant des jours, il est impossible de m'arracher la petite. Je pleure sans raison : devant une rose, un chien, un nuage. Je vois les choses non plus telles qu'elles sont mais telles que je les rêve. Oui, la vie est devenue songe, félicité profonde.

Louis ouvre de grands yeux. Je valse sur les trottoirs, enlace des inconnus, tourne vers lui des sourires fous et brillants de larmes. Oh, mon joyau ! ma toute-belle, ma sacrée, ma fragile !

Je refuse qu'on la prenne en photo. Je frémis quand d'autres bras la saisissent.

– Tu me fais peur, me glisse ma sœur, berçant la petite tandis que je les fixe, et fulmine, et mords mon poing. Il faudra que tu apprennes à la lâcher un peu.

– Pour quoi faire ?

– Pour vivre.

– Je ne vivrai plus si je la lâche.

– Nous en reparlerons.

Je dors à peine ; le sommeil ne me manque pas. Je me nourris de ses regards, de ses pleurs, de ses rires, du soleil qui bat en son sein. Collée contre moi, elle m'insuffle une force qui confine à la magie. Rien ne peut me blesser. Je sais tout, guéris les affligés d'un mot, devine les peines et les saisons. Dans un coin du salon, un fantôme en chemise de nuit hoche la tête sans sourire.

– Tout va bien, lui dis-je. Je suis heureuse. Si heureuse !

Elle ne cille pas. Les fantômes ne font pas cela. Ils voient l'avenir, en revanche – mon Dieu. Maman pose un doigt sur ses lèvres.

Éreinté, Louis se laisse tomber dans un fauteuil.

– À qui parlais-tu ?

– À personne.

– Tu disais que tu étais heureuse.

– Ah oui ? Alors peut-être que je le suis.

Il dépose un baiser sur mes lèvres. Serrée contre mon sein, Raymonde dort, mille fois bénie.

J'aimerais que ce temps-là dure toujours : qu'il ne soit plus un temps mais un présent à jamais suspendu. Pourtant, il faut travailler, reprendre ce monde à bras-le-corps, laisser la merveille à son berceau.

Peu à peu, je reprends le chemin des studios, laissant à ma belle-mère le soin sacré de s'occuper de la petite. Sous l'avalanche de recommandations, la malheureuse plie l'échine.

– J'ai été mère, vous savez.

– Pas moi ; il faut m'excuser.

– Je veillerai sur elle comme si elle était ma –

– Oui, oui. Je serai là à seize heures.

– Filez donc.

Je m'empresse, descends les marches, hésite, me morigène, m'extirpe enfin, statue de sel sur le trottoir, les yeux rivés sur la fenêtre, jusqu'à ce qu'elle paraisse, la petite tenue contre son sein, agitant une main, allez, ouste, déguerpissez.

Une carrière, dit-on, m'attend. Des maisons me font les yeux doux. Je me plie aux séances de pose avec une docilité d'automate. Je ne suis pas là, jamais là. Je pense à elle sans cesse. Or on goûte cet air absent. Après Paul Boyer, c'est le photographe Eugène Pirou qui me prend sous son aile, lui qui m'a connue enfant. Me voilà jouant les modèles pour la maison Lentheric, « parfums et produits cosmétiques », et chez Christopher Drecoll, courtier aristocrate d'origine allemande qui vient de revendre une juteuse affaire à Vienne et projette d'ouvrir une officine place de l'Opéra. Des portraits de moi paraissent dans les magazines *Les Modes* et *Figaro-Modes*. « Élisa ! » Mon nom file dans les coursives, un metteur en scène gentiment éméché me poursuit de ses assiduités. Louis, qui n'a cessé, jusqu'à présent, de vanter mes splendeurs, commence à s'irriter. Parfois, il débarque à l'improviste dans un studio, s'installe à l'écart et, bras croisés, dos au mur, attend que la séance s'achève. L'apercevant soudain, je manque défaillir, fonds sur lui, éplorée.

– Seigneur. Il est arrivé quelque chose à la petite !

– Quoi ? Bien sûr que non.

– Alors...

– Simple visite de voisinage. N'ai-je plus le droit de contempler ma chère épouse ? Même lorsqu'elle porte les robes d'un autre ?

Je me pince l'arête du nez.

– C'est mon travail.

– Pour qui, ces charmes ?

– Pour une marque de savon, grand bêta.

Il renifle, retrousse ses manches, jette un œil au décor – un trompe-l'œil bucolique.

– M'est avis que ce savon-ci plaira plus aux hommes qu'aux femmes.

– Et si ce sont les hommes qui paient ?

– Tu as réponse à tout, hein.

Je dépose un baiser sur sa cicatrice et il s'éloigne en tâtant sa joue mal rasée, pestant, boitillant, et quoi, encore ?

Il a toujours prôné la liberté et la confiance, le mépris des carcans et des conventions petites-bourgeoises. Mais ce qui m'arrive, il ne l'avait pas prévu.

1902

Au moins de janvier 1902, avec l'un de mes premiers cachets « sérieux », j'achète au comptant une motocyclette Werner, exposée dans un magasin de l'avenue de la Grande-Armée. Pourvu d'un moteur à pétrole, l'engin pèse près de 25 kilos, accessoires compris, et peut atteindre une vitesse de 35 kilomètres à l'heure. Louis ne partage pas mon enthousiasme.

– Tu vas te rompre les os.

Je ne peux que pouffer.

– Crois-tu que je prendrais le moindre risque ? Je suis mère. Je veux être mère pendant cent ans.

Il n'empêche : j'ai descendu les Champs-Élysées au guidon de ma machine, m'attirant des regards, scandalisés parfois, à tout le moins stupéfaits. Un enfant m'a saluée à grands gestes ; sur son trottoir, un vieil homme au regard doux a ôté son couvre-chef. A-t-on déjà vu, à Paris, une femme à motocyclette ? Cet air si sûr d'elle...

Je vais ranger mon engin dans le local de l'immeuble. Ma belle-mère, tenant ma fille endormie entre ses bras, rejoint son fils, qui me houspille encore.

– Louis a raison. Ce n'est pas raisonnable. Que vont penser les gens ?

Je la déleste de la petite, qui s'est mise à pleurer, et la berce contre mon moi en chantonnant.

– Les gens vont comprendre que le monde a changé.

Il change aussi pour elle. Baiser sur le front parfumé. Comme s'il connaissait quoi que ce soit à la mécanique, Louis s'accroupit pour examiner le moteur de la bête. Se relève en se grattant le crâne.

– Tu devrais rendre ce machin au magasin.

Je me dirige vers les marches.

– À quelle heure, le dîner ?

Mon époux et sa mère échangent un regard lourd.

Bénie sois je, songé-je au cœur de la nuit, allongée sur le dos, les bras le long du corps, au côté de mon époux ronflotant. *Pourquoi tout ce bonheur ?*

En son sommeil, la petite Raymonde chantonne – le doux, l'irremplaçable et pur babil des rêves.

Je voudrais me pencher sur elle, recueillir, au creux de mes mains, ces mots qui n'en sont pas, m'en imbiber le cœur jusqu'à le noyer. Peut-on mourir de trop aimer ? Seigneur, ne me délivrez jamais de ces tourments !

Je me tourne sur le flanc, avance une main vers l'homme endormi, son nez de boxeur, la tiédeur de son souffle sur ma paume. Et lui, pourquoi lui ? Au vrai, aucune idée. Il est drôle, fort, dangereux, avec ce quelque chose, aussi, d'inévitablement fragile. Il me fallait un père. Je n'ai pas réfléchi.

– Je t'aime, murmuré-je dans la pénombre, pour savoir quel effet cela fait.

« Je t'aime », c'est vrai, mais le fait est que j'aime le monde entier, aussi, en cette heure bénie des dieux : j'en savoure chaque complexité et chaque contradiction comme la manifestation d'un principe supérieur, et ce regard intensément pénétrant et lucide, c'est à ma fille que je le dois, ma fille – mon calme et ma raison.

Le dimanche, à la basilique Notre-Dame-des-Victoires, quand les accords de l'orgue finissent de résonner sous la voûte et que les vitraux flamboient, frappés par le soleil d'hiver, il arrive que je me sente transportée et que le nom de Dieu coïncide, en mon âme, avec le plaisir infini que, contre vents et marées, je prends simplement à exister. Dans le calme et le silence, quand les rouages de l'esprit ralentissent, je veux croire qu'un royaume palpite.

Puis vient l'aube de mars, l'aube maudite qui lève sa lame et l'abat sans égard. Réveillée en sursaut par un pressentiment aux relents de poison, je me glisse hors du lit et gagne le salon où, depuis quelques semaines et à la demande de Louis, nous avons remisé le berceau de notre petite Raymonde.

Le silence qui y règne, je le comprends sur-le-champ, recèle une qualité mauvaise, comme une ritournelle tout juste audible chantonnée par le diable. Je me penche, retenant mon souffle. Tout, déjà, est accompli. Jouet sans vie, visage de cire. Je lui touche la main, le front. Froidure ignoble. Une puanteur d'irréparable.

Je recule d'un pas, heurte le guéridon où la lampe de chevet a été posée, celle que l'on allume lors des nuits d'hiver pour saluer l'angelot aux mille sourires. Mais le chérubin est parti, et ses sourires avec. Ne reste que l'immobilité, l'absurde rigidité d'un « après » auquel je ne puis me résoudre à donner un nom.

Je m'effondre dans un fauteuil. Qu'il m'avale et qu'on n'en parle plus. Garçon, douze bocks ! À mes pieds, les débris de la lampe. De toutes parts, on accourt. Cris perçants, panique ! Je sens qu'on me fait me lever, qu'on m'emmène. Louis hurle, mais je n'entends rien. Elle n'est plus là, très cher. Hier : sa chaleur, la porcelaine de ses lèvres, ses prunelles de fée, ses poings serrés boxant l'après. Aujourd'hui ? Rien.

Le matin débarque, abominable et sans âme. Le docteur Blanchard ouvre un sac en mouton noir, détache une feuille de son bloc-notes et se cale à la table du salon pour inscrire ses mots à l'encre putride. Sans doute ses griffonnages ont-ils un sens dans l'autre monde, celui d'avant, celui du bonheur idiot et sans fin, mais ici, de l'autre côté du voile... Déjà, on m'étend sur le lit, privée de forces.

Ma belle-mère me presse les doigts, ses larmes grossières s'écrasent sur l'oreiller, « mon pauvre petit » – tudieu, de qui parle-t-elle ?

Des compresses, un verre d'eau, des mots que je n'entends pas...

Plus tard, ce jour-là, je sors mon engin pétaradant de son antre et m'élance vers le nord, Aubervilliers, Saint-Denis, Montmorency, un masque de plâtre plaqué sur le visage. La neige d'après virevolte au-dessus de la route, des flocons affolés, les voix des morts par millions, et ma fille là, quelque part, ma vie ancienne enfouie, mes espoirs et aspirations réduits à un émiettement blanc.

Je souris, toujours ; Louis a tenté de me retenir, et je lui ai lancé un tel regard qu'il m'a lâchée tout de suite.

– Qu'est-ce que tu...

Je rien. Il n'y a plus de moi. Plus de futur, de rêves – ne reste que le sable du sablier, que l'on avale et que l'on recrache jusqu'à ce que le temps même soit oblitéré.

Je me réveille le lendemain matin : le jour de l'enterrement.

– Combien de temps... ?

Ma voix est un filet d'eau dans le désert. Louis secoue la tête. Quoi ? J'insiste, regimbe. Que s'est-il passé, où donc suis-je allée, *qui* m'a retrouvée ? La motocyclette, apparemment, est bien dans son hangar. Peut-être ne suis-je jamais partie. Mon époux reste évasif. Il m'a préparé une tisane à la camomille, c'est le mieux qu'il puisse faire. Il referme mes doigts sur la tasse. Poupée de chiffon, tremblante. Ne me reste plus qu'à vivre.

– Tu ne dois pas me laisser…, murmure Louis en me prenant la main.

Dans les replis de l'aube, succube, j'embrasse ses lèvres charnues, hume ses exhalaisons à jamais mornes. Debout, allons. Le jour est venu, n'est-ce pas ? Le jour où il faut mettre cette chose en terre, qui a été ma fille, que l'on va confier à l'oubli et à la vermine. L'impensé du monde. La folie s'égrène, perle à mes joues. Voilà ce qui arrive. Assise à la table de la cuisine, je fais rouler mes mèches entre mes doigts. Une brume ombre mon regard, qui m'empêche de voir le monde en face, et je ne peux m'empêcher de considérer cette cécité comme une grâce.

– Mon petit, il va falloir vous reprendre, murmure ma belle-mère, qui s'est installée en face de moi.

Je dois lui faire peur : moi à qui les désolants usages du deuil sont soudain devenus si étrangers.

– Me reprendre…, répété-je après un long silence. Me reprendre à quoi ?

Louis fait son entrée, costume anthracite. Sa mère se lève précipitamment, rajuste son col de chemise.

– Quel malheur, répète-t-elle. Mes pauvres enfants !

Son fils l'étreint, puis pose une main sur mon épaule. Une main trop lourde.

– Tu n'as pas mangé depuis trois jours.

J'attrape une pomme dans la corbeille, la considère avec dégoût, le repose au milieu de ses sœurs.

– Je vais faire du théâtre, murmuré-je. Je fais faire semblant. (Le fils et la mère me regardent, interdits.) J'ai eu des propositions. Pour l'instant, ce n'est pas grand-chose, mais...

Louis tire une chaise, s'assied à mon côté et, penché en avant, me secoue comme un prunier. On veut me réveiller. On veut me faire revenir. Où donc ?

– Élisa...

– Raymonde. Un jour, je m'appellerai Raymonde. Est-ce que ça te plaît ? Pour que notre petit ange vive en moi. Qu'il voie par mes yeux et parle par ma bouche.

Louis me caressait la joue. Il s'arrête. Sa mère, qui s'est rassise, elle aussi, me dévisage avec une expression éplorée.

– Lisa, reprend mon époux, as-tu bien compris que notre fille...

Est morte, complété-je en moi-même. N'est plus. Pourrait n'avoir jamais été. Jamais ne chantera, ne dansera, ne marchera.

Rien, de ce monde, ne lui aura été offert. Ce qu'elle emporte ? La joie qui nous habitait, la terre belle que nous foulions, l'équilibre entre les choses. Elle me faisait, mon Louis. Je vais vivre délestée. Apprendre à exister sans et pour elle.

S'il te plaît, mon aimé : j'ai des rêves d'échappées, à présent, de vastes rêves, n'essaie pas de comprendre, ne te mets pas en travers de mon chemin.

L'époux reste effaré. Main sur la table, sa mère semble sur le point de vaciller. Qui est cette créature funèbre et décidée dans les rets de laquelle son fils s'est laissé prendre ?

Les funérailles sont une lugubre affaire. Un ciel de suie, des visages de condamnés. Mon père rencontre les parents de son gendre pour la première fois.

– Il faut l'excuser..., bredouille-t-il, me surveillant du coin de l'œil.

Il doit penser que je suis devenue folle. La force me manque de le détromper. Du reste, qu'est-ce que la raison, de quel secours nous est-elle lorsque l'existence saigne ainsi, perd ses couleurs et s'endort ?

J'ai souri, au cours de la messe, j'ai, comme frappée d'extase, levé vers la voûte mon regard mouillé d'une joie atroce. La vie est un rêve merveilleux et horrifique. On peut se réveiller. On peut...

Un prêtre débite d'étonnantes sornettes. Levons-nous, prions. En petit pantin grinçant, je me résigne à suivre le corbillard, jouant le rôle qui m'a été attribué avec l'indifférence d'une condamnée.

C'est trop, murmure-t-on autour de moi : d'abord la mère, ensuite la fille, en si peu de temps, qui peut sortir indemne d'une épreuve à ce point cruelle ? Et cependant, Louis, qui me tient par le bras, a visiblement cessé de s'inquiéter. À sa façon, je crois, il me comprend, il me *sent*.

Tant mieux. Le deuil, je l'ai fait mien, j'ai enfoui ma tête en son sein sans même attendre que la journée soit finie. Ma déclaration du matin ne doit rien à la douleur ni à l'égarement. Tête baissée, sans réserve et sans peur, comme on se jette sous les roues d'une voiture, je pars au-devant de l'avenir, libre de tout désormais.

Quelques semaines plus tard, rentrée à motocyclette d'un rendez-vous plus que fructueux avec un certain Jean Worms, brillant et jeune acteur qui, il y a peu, a tenu un rôle à la Comédie-Française dans une pièce de Gaston Devore, je gare mon engin non loin du *Café Bonaparte*, place Saint-Germain-des-Prés, et, sous le regard narquois des habitués, entre chercher mon homme, qui m'a dit devoir y faire halte pour conclure « une affaire importante ». Visiblement éméché, Louis me regarde approcher, à demi levé, comme s'il hésitait à prendre la fuite. Déjà, il balbutie une explication. Je le fais se rasseoir.

– Je ne te demande rien. Je viens seulement t'annoncer une nouvelle.

D'un coup de hanche, je le pousse, me cale à son côté sur une banquette, hèle un serveur, gantée de noir.

– Vas-tu me dire ce qui se passe ? grogne mon époux, légèrement rasséréné car, non, je ne suis pas venue, comme il le craignait, faire un scandale et le « rentrer » à la maison.

Sur la table, notre serveur pose un verre de bourgogne coupé à l'eau ; je prends l'homme par le menton, pique sa bouche d'un baiser sec. Là-bas, égrillards, ses amis sifflent et font des gestes d'emphase. J'attrape sa main, la pose sur mon ventre ; il fronce les sourcils.

– Nom de Dieu...

– Et tu veux que je te dise ? C'est très bien ainsi. Comme je te l'ai expliqué, j'ai des projets. Plus j'attendrai, plus les concrétiser deviendra difficile. Nous allons avoir un garçon, mon Louis. Ne me demande pas comment je le sais : je le sais. Il ne rattrapera rien, ne me consolera pas. J'ai simplement besoin qu'on me retienne.

– Retienne de quoi ?

– De devenir moi aussi un fantôme.

Au cours de l'automne 1902, alors que je viens de fêter mes vingt ans en ma seule compagnie, je me fais prendre en photo, dans son atelier du boulevard Saint-Germain, par mon ami Eugène Pirou. J'ai quitté l'habit du deuil ; il n'y a plus rien ; la mort a tout pris, emportant même la peur avec elle. Caresse mon ventre arrondi, ô main tranquille. Accepte l'ersatz fade du bonheur.

Raymonde Delaroche est donc devenu mon nouveau pseudonyme. Sur l'un des clichés, poing sur la hanche, je me donne un semblant d'air avec un éventail : impatiente de quoi ?

L'accouchement est prévu pour la fin de l'année, ou le début de la suivante. À la sortie des théâtres, je continue de rencontrer acteurs et metteurs en scène. Je procède, expliqué-je à Louis, à une évaluation circonstanciée de l'offre.

Le soir venu, allongée sur le sofa du salon en un mol abandon, une jambe remontée, l'autre pendant dans le vide, je déclame des textes et récite des tirades.

Louis qui, s'il ne s'agit pas d'une énième affabulation, vient de lancer une affaire d'import-export avec des partenaires d'Afrique du Nord, s'absente de plus en plus fréquemment. Quand la solitude me devient fardeau, je pars rendre visite à ma sœur et à mon père, au 71 de la rue du Temple. Sous la férule de notre Jeanne, qui se révèle, à l'expérience, une gestionnaire intraitable, la maison Deroche prospère, et les carnets de commande débordent. Notre père, qui commence à prendre de l'âge, a peu ou prou laissé les rênes de l'entreprise à sa chère aînée. Assise au côté du vieil homme, sur le divan, je caresse le dos noueux de sa main.

– Et toi, papa, tu ne t'ennuies pas trop ?

Il secoue la tête.

– Penses-tu ! Pour commencer, j'ai mes amis du Cercle des Arts : des photographes, des peintres, aussi, des professeurs, un sénateur, même un poète. Le dimanche, avec ta sœur, nous allons à la messe. Il se trouve que, depuis l'arrivée du nouveau curé, la paroisse de Saint-Merry est nettement plus accueillante. Tu devrais passer, de temps en temps ; nous parlons de toi, tu sais…

Je promets que je viendrai. Nous savons tous deux que je n'en ferai rien, mais un mensonge n'a jamais tué personne.

Depuis la mort de sa petite-fille, Charles Laroche essaie de se rapprocher de moi ; la tâche lui est ardue.

Au fond, que connaît-il de ce qui m'agite ? Une humeur égale, un calme indéchiffrable. En quelles étranges contrées me suis-je retranchée, à la mort de mon enfant ? Et cet autre petit qui s'annonce, si tôt, comme si rien n'avait eu lieu...

– Un garçon, répété-je machinalement. Il faut bien continuer.

Mon père se gratte le crâne.

– Un garçon. Ma foi.

Comment lui expliquer ? La douleur qui me tenaille n'en est plus une. Elle a creusé en mon âme un gouffre si profond qu'il a tout englouti. La peur, l'amour, la raison ? Je verrai tout de loin, désormais. Oh, je vivrai, naturellement, et plutôt deux fois qu'une, je goûterai aux fruits les plus juteux, et ce fameux sourire ne quittera plus ma face. Mais le bonheur ? Le bonheur est une carcasse d'oiseau. Le cœur du moineau a cessé de battre, j'aurais dû me rappeler.

– Et ton Louis ? reprend mon père. J'ai cru comprendre qu'il était reparti en vadrouille...

Avec douceur, je repose sa main sur son genou.

– L'Afrique, mon petit papa. Il vous salue, toi et Jeanne. Nous dînerons, à son retour. Je cuisinerai pour vous.

Charles opine, regardant ailleurs, retient ses soupirs. Un dîner, formidable !

Cela non plus n'arrivera pas.

– Je vais passer un certificat de conduite, lâché-je pour changer de conversation.

Mon père écarquille les yeux.

– Répète un peu ?

Je lui souris, m'étire.

– Et je vais m'acheter une automobile. Je sais déjà laquelle. La De Dion-Bouton quatre places, la bleue, celle que l'on voit dans les revues. Tu aimerais ça, que je t'emmène en promenade ? (Il secoue la tête. Qu'une femme puisse tenir un volant, voilà qui le dépasse assurément.) La vitesse est réglementée, ajouté-je. Ce n'est pas *si* dangereux.

– Élisa...

Je me relève, brosse ma jaquette, jette un œil au-dehors.

– Il ne pleut plus, dis-je. Je vais rentrer.

Mon père se redresse à son tour. À bientôt cinquante ans, malgré ses insomnies et son genou en berne, il donne encore plutôt bien le change.

La photo de feue son épouse trône sur sa table de nuit. Jeanne est formelle : il n'y a personne dans sa vie. Il n'y aura plus jamais personne.

Il m'accompagne à la porte. Me retournant, je contemple une dernière fois le chandelier, le sofa et ses draperies crème, la cheminée en marbre et son trumeau.

– Vous êtes bien ici, lui dis-je, tout à fait bien. Prends soin de toi, mon petit papa.

Je l'embrasse sur le front. Il a ouvert la porte pour moi, il voudrait murmurer un « toi aussi » mais, déjà, mes pas claquent sur les marches.

Il court. Il court, à 166 kilomètres de là où je vis : une autre histoire commence ici qui, l'histoire d'un garçon se hâtant comme si sa vie en dépendait, et sa vie pourrait bien en dépendre car, en ce vendredi d'octobre 1902, le dernier train du jour s'apprête à partir pour Paris et, dans l'état de confusion où il se trouve, Augustin se figure que c'est le dernier qui partira *jamais* – s'il ne saute pas à bord maintenant, c'en sera terminé.

Cette brève épopée, il me la narrera ensuite, par le menu, et il est possible que certains détails dont je l'agrémente soient issus de ma seule imagination (n'est-ce pas ainsi que s'amusent les fantômes ?) mais enfin, pour l'essentiel, voilà comment les choses se présentent : un jeune homme se révolte et s'en va sans dire adieu.

Dix minutes plus tôt, à la table du déjeuner, au terme de l'une de ces conversations sans fin qui lui mettent les nerfs à la torture, il a fait ce que ses rêveries lui dictaient de faire depuis des mois, s'est résolu au geste terminal, au saut méchant réglant l'affaire : il a jeté un verre de vin à la figure de son père.

Pendant un instant, personne n'a bronché. Ni lui tout tremblant de colère, sidéré par sa brutale impudence, ni sa mère affligée, lippe tremblante, dont les appels au calme, depuis le début de l'incartade, ont été somptueusement ignorés, ni même le patriarche offensé, au veston souillé et à la barbe dégoulinante, dont nul ne serait surpris, connaissant son tempérament, qu'il empoigne un couteau de cuisine et se jette sur sa progéniture.

Alors, renversant sa chaise, galopant vers le vestibule, le jeune homme a raflé son sac prêt depuis toujours, dévalé les marches au risque de se rompre l'échine et jailli comme un diable dans la rue du Pont, lavée de l'averse par un soleil barbare. Puis, sous les yeux des badauds médusés, il s'est rué vers la place d'Armes, direction l'hôtel de ville, avant de bifurquer vers la droite où l'attendait la gare, la liberté, l'avenir.

Une voiture à cheval surgit. Il l'esquive d'un bond, court au guichet, plaque ses pièces sur le comptoir. Occupé à boucler ses comptes, le préposé lève sur lui un regard dédaigneux.

– Paris ! lance le jeune homme.

L'autre regarde la pendule, puis le quai, où le train de l'Est, dans un lent soupir de ferraille, vient de faire une halte.

– Je ne sais pas si vous l'aurez...

Le jeune homme trépigne.

– Oh, pour l'amour du ciel...

Le guichetier paraît se distraire de la situation.

– Seconde classe, j'imagine ?

Le jeune homme lui arrache le sésame des mains et empoigne son sac, bousculant un vieillard au passage, qui fait un tour presque complet sur lui-même.

– Pardon...

Dans son dos, le préposé crie quelque chose à propos de sa monnaie. Ah, baste ! Déjà, le chef de gare porte son sifflet à sa bouche, les rouages de la locomotive à vapeur commencent à se remettre en branle... Le jeune homme se précipite dans le premier wagon qui se présente, trébuche dans le couloir et, à bout de forces, se laisse tomber sur une banquette.

– Alors ça ! Tu parles d'une veine !

En face de lui, un garçon de son âge tire un étui à cigarettes en peau de phoque de son veston, et s'en glisse une au coin des lèvres, le lorgnant d'un air fat. Ébaubi, le jeune homme se passe une main dans les cheveux. Ça y est, il le remet : le fils Tarchier, un ancien camarade de collège. Celui dont la mère tient une mercerie.

Le train prend de la vitesse. Augustin ferme les yeux. Partir, ne rien regretter. Les tours de la collégiale disparaissent dans la brume, souvenir exécré autant que chéri. Le jeune homme se revoit, perdu sur la place d'Armes, hagard, engourdi encore. La porte de la cathédrale poussée, il s'avance dans le silence de la nef, prend le chemin du déambulatoire, tourne le dos aux douairières en pénitence, s'arrête devant la première chapelle et s'approche du tableau *Saint Jean à Patmos*, entre ses colonnes corinthiennes, cette toile obscure devant laquelle il a tant prié. À genoux, pénitent ! Un ange, penché sur l'apôtre, retient son pardon. Poing serré sur sa bouche, le jeune homme relève un visage baigné de larmes.

Il a fêté ses vingt ans quelques mois plus tôt. « Fêté » est un grand mot : claquemuré dans sa chambre, laissant, pour la centième fois, défiler les pages des *Divagations* de Mallarmé (un « cadeau » de Paul-Victor, une raison possible de son départ), il a écouté sa mère toquer sans relâche à la porte avant de consentir. Elle le contemplait, mes yeux rougis, « mon petit garçon… ».

– Grand-père est là, a-t-elle fini par lui annoncer, il est passé *exprès*, viens au moins le saluer ?

Le jeune homme a fermé longtemps les yeux, puis il est sorti. Son paternel l'attendait sans l'attendre, trônant, impassible, dans son fauteuil habituel, plongé dans les arcanes de *L'Union républicaine*.

Près de l'horloge, appuyé sur sa canne à pommeau d'ivoire, le père de son père tortillait un coin de sa fameuse moustache.

– Tiens ! Voilà mon tout-beau !

Augustin l'a serré brièvement, a égrainé les banalités habituelles. Le vieux lui avait apporté un tableau, une marine petit format d'un gribouilleur local, voilier sur mer démontée.

– Ce n'est pas le bout du monde, mais ça fait voyager, pas vrai ?

Le grand-père a été peintre, jadis, il a exposé ici et là avant de se tourner vers les assurances, il est resté un amateur d'art avisé, c'est même lui qui lui a appris le dessin. Las ! l'histoire en est restée là. Le garçonnet a grandi, reculant d'un pas à chaque âge. Pas de grande leçon : c'est ainsi.

Augustin a contemplé la petite toile au cadre de bois noir, avec ses crêtes écumeuses, sa voile jaunâtre et la falaise au loin… De quoi rêver, oui. Il a tapoté l'épaule de son grand-père.

– Très joli. Je vais l'accrocher au-dessus de mon lit.

Son père, qui n'avait pas relevé la tête de son journal, a toussoté avec ostentation. Il tournait les pages très vite. Lisait-il seulement ?

– Voyage d'agrément ?

Le fils Tarchier, qui vient d'allumer sa cigarette avec un briquet nacré, a croisé négligemment les jambes.

Augustin se rappelle qu'il ne l'a jamais apprécié. Cet air bêtement satisfait, cette moquerie dans le regard. Il a l'impression d'être jaugé, transpercé.

– Je m'en vais.

L'autre souffle une bouffée de fumée grise, désigne le sac d'un hochement de menton.

– Ça ne ressemble pas à un vrai déménagement. Tu ne donnes plus tes cours de français ?

– J'ai arrêté. Je besoin d'air.

Le fils Tarchier lui offre l'un de ses déplaisants rictus.

– Et tu connais du monde ?

– Comme ci comme ça.

Que pourrait-il lui dire ? Oui, Léon : je connais un garçon. Un garçon que j'aime. Un garçon qui est parti sans moi et ne m'a écrit qu'une fois, il y a deux mois, pour me laisser une adresse, et depuis rien.

– Mouais. En cavale, quoi.

Augustin se tourne vers la fenêtre. Une pluie fine tombe sur les champs gris. Une vache, à leur passage, relevé la tête.

– Et toi ? Tes projets ?

Le fils Tarchier tapote sa cigarette, libérant un nuage de cendre.

– Un cousin à moi possède une imprimerie du genre maousse. Il me prend à l'essai, comme commis. J'ai déjà trouvé un meublé, près des Tuileries. Tu situes ? Deux ou trois mois à ce régime, et puis on verra. On pourrit sur pied à Vitry, pas vrai ?

Augustin renifle. Sur ce point, au moins, ils sont d'accord. Son certificat d'études en poche, le jeune homme, qui a un temps songé au baccalauréat, a fini par rendre les armes. Son père, agent d'assurances, l'a pris à son service pendant une paires d'années ; puis, la cohabitation se révélant de plus en plus délicate, il a fini par s'en défaire. Le jeune homme a alors travaillé comme garçon de course chez un notaire, donnant, en parallèle, des cours de français et de latin au fils d'une comtesse locale, mais ce n'était pas assez, ça ne le serait jamais.

Une promesse palpitait au loin. Un espoir ténu, mais au moins un espoir.

Le soir tombe quand le train entre en gare. Le soleil ne s'est pas montré une seule fois. Le fils Tarchier qui, la veille au soir, a gaiement fêté son départ avec des « collègues », a fini par s'endormir, doigts croisés sur son gilet : content de lui, comme toujours. Bouche ouverte, il a ronflé pendant la majeure partie du trajet, se réveillant parfois, jetant un œil à la campagne noyée d'automne, avant de replonger dans la béatitude. Augustin, lui, a essayé de lire (un guide de la capitale volé dans la bibliothèque de son père, daté de 1886 – il ne manquera à personne), mais a rapidement renoncé. Il a somnolé, un peu, s'est réveillé d'un bond, à la tombée de la nuit, comme secoué par une insupportable angoisse. Pressentiment ?

Dans la poche de sa veste, cinq billets de 10 francs, toute sa fortune, et une adresse, recopiée sur un bout de papier plié : 13 rue Ravignan.

– Bon, eh bien *good luck* ! lui lance Tarchier, debout sur le marchepied, déjà prêt à bondir.

Augustin avait vaguement espéré un signe de sa part, une adresse au cas où, une parole d'encouragement, mais rien : de toute évidence, ce maroufle ne s'est intéressé à lui que par politesse. Ah ! rien à regretter, songe le jeune homme en regardant l'ancien camarade se fondre dans la foule.

La lanière de son sac passée à son épaule, il saute sur le quai, langue pâteuse et ventre en vrac. À un guichet, avec son premier billet, il achète un plan de la ville. Et maintenant ? Le long des pavés luisant d'averse, des tramways électriques progressent avec des lenteurs de vieillards. À la lumière d'un bec de gaz, Augustin retourne son plan en tous sens. La rue de Ravignan ? Il ne la trouve nulle part.

– Montmartre, lui a glissé Paul-Victor un soir, avec son sourire de démon habituel. La bohème, somptueuse misère. Viendras-tu, ou laisseras-tu ta jeunesse se faner comme tant d'autres ?

Montmartre, très bien. Remonter le boulevard Magenta jusqu'au boulevard Rochechouart. Ensuite, quelqu'un l'aidera. Il le faut.

Il relève la tête. Les Parisiens, l'a-t-on prévenu, ne se soucient que d'eux-mêmes. Ils vont, tête baissée, chacun poursuivant un but obscur dans la froideur. Augustin lève la tête, cherchant la lune des yeux. Une bruine glacée lui piquette le visage. Jamais il ne s'est senti aussi seul.

– Hé là, 'tention !

Saut en arrière, in extremis : une voiture à cheval a manqué le renverser.

– Tu as l'air perdu, mon mignon. Besoin de compagnie ?

Une créature aux rouges paupières, attifée de fanfreluches mitées, vient de se matérialiser devant lui. Un homme ? Une femme ? Impossible de lui donner un âge. Sa lèvre est fêlée, un sombre maquillage a tracé des sillons sur ses joues creuses, ses yeux sont ceux d'un clown au désespoir.

– Je vais me débrouiller, murmure Augustin.

– Je vois ça d'ici. Dis donc, t'aurais pas 1 franc ?

Le provincial secoue la tête et regarde la créature s'éloigner, claudiquant, battant des bras contre le vent. La camarde, rien de moins.

Il y a deux heures, dans son appartement de Vitry-le-François, le grand-père d'Augustin, qui venait d'apprendre son départ, a refermé ses lèvres sur le canon d'un pistolet d'ordonnance, et une trace mate a giflé derrière lui un tableau de tempête.

Nos deux histoires ne se rejoindront qu'un an plus tard. Paris est une fourmilière : la plupart de ses enfants se frôlent sans jamais s'accorder un regard. Et puis, parfois, le destin aux yeux brillants s'en mêle, approchant son visage replet de la scène, pointant son doigt sur tel ou tel...

Qu'il plane sur les monts,
qu'il traverse les mers...

1903

Au théâtre Sarah-Bernhardt le 15 décembre 1903, dans *La Sorcière* de Victorien Sardou, drame en cinq actes, je commence ma carrière d'actrice. « Raymonde Delaroche » : ainsi suis-je connue, désormais, au sein de la docte société. Sarah elle-même, qui approche la soixantaine, interprète l'un des rôles principaux – celui de Zoraya, la Mauresque, la sorcière du titre, accusée de méfaits en cascade. Je joue une certaine Dona Serafina, qui ne prononce qu'une réplique. Une figurante, oui, mais, pour un début, cela me convient. J'aime les costumes, les décors, toutes ces petites mains qui s'agitent pour faire vivre le monde. Mon entrée, acte III, scène 3 ? « Un air de pavane, la grande porte de la salle du fond s'ouvre à deux battants… Les dîneurs paraissent aux fenêtres. Les femmes se rangent à gauche du patio, les hommes à droite. Dona Joana sort de la grande salle suivie de ses femmes et descend saluée par les dames qui font la révérence, et les cavaliers qui s'inclinent. Chacun, au moment où elle passe, lance une fleur à ses pieds en murmurant un souhait de bonheur. »

J'ouvre les bras, radieuse. « Bonheur constant, *señora* ! » Trois mots, c'est tout, et cela me comble. Être regardée m'importe peu ; de fait, je ne le suis presque pas. Ce que je veux, c'est, l'espace d'un instant, être une autre, ce qui revient à n'être personne.

Je me rends à la première en voiture ; j'en ai acheté une l'année précédente : non pas la De Dion-Bouton bleue de mes rêves (trop chère pour commencer), mais une Rochet-Schneider deux places à l'élégant châssis bordeaux qui, sur piste, peut atteindre les 70 kilomètres à l'heure en palier.

Louis n'est venu me voir qu'une fois ; posté au troisième rang, au côté de sa mère, il s'est assoupi pendant tout le IVe acte, à tel point que la brave femme a dû le secouer.

– As-tu aimé ? lui ai-je demandé quand il est venu me trouver dans les coulisses, un bouquet de roses défraîchies à la main.

Avec précaution, j'ai ôté le collier de perles qui ceignait mon front. Il ne savait que répondre.

– Alors ? ai-je insisté. Le texte ? Le jeu ? L'intrigue ?

Pauvre Louis perdu, Louis sot, Louis-sans-les-mots.

– Tu étais fantastique, a-t-il répondu enfin, vraiment, tu…

J'ai posé un doigt sur sa bouche.

– Tenons-en nous à cette subtile galanterie. (J'ai pris les fleurs, les ai confiées à une amie qui passait.) Comment va André ?

Il sourit, féroce. André. Notre fils, c'est-à-dire : ni le sien, ni le mien. André Thadome, né le 1er janvier 1903, à qui j'ai donné naissance parce qu'il le fallait bien. Collez-nous un canon de revolver sur la tempe, demandez-nous si nous le désirions *ardemment*.

André, que j'aime comme on aime aujourd'hui : par devoir, par habitude, parce qu'on ne peut s'en empêcher.

André, qui ne remplace aucune autre, ne comble nulle béance, ne console de rien. André, mon petit presque-personne, l'axe central d'un univers de pacotille, un pôle de manège, la vie comme elle tourne.

– Ton fils chéri est avec sa nourrice, m'annonce Louis en s'allumant un cigare gargantuesque. Et mon père.

– Ne m'attends pas pour dîner.

– Non ?

– Un imprésario insiste pour me rencontrer. Et puis, nous avons quelques réglages à faire pour les représentations suivantes.

Louis hoche la tête. Je lui souris, avec toute la tendresse dont je suis capable, mais il soutient mon regard.

– Faudra quand même qu'on discute.

Acquiesçons donc. Il se ne passera rien, je le sais – du reste, nous avons un accord : chacun sa liberté. Trois mois après que notre enfant est né, j'ai acheté ma voiture. La vie a repris, le bain bouillonnant et ses remous sans remords. Je me suis démenée, *Raymonde* s'est démenée. Ai passé des auditions. Jean Worms, devenu un ami, m'a présentée à ses collègues.

– N'avez-vous pas posé dans le *Figaro-Modes* du… voyons voir… 15 août dernier ? me demande l'un d'eux ce soir.

– Bravissimo.

– Je n'oublie jamais un beau visage.

– Je n'oublie jamais un gentleman, dis-je, avec une courbette. Pardonnez-moi : c'est une plaisanterie.

Sans se démonter, il sort son porte-cartes.

– Passez me voir, à l'occasion.

Je foule les planches, me drape de soie, de dentelle et de fourrure, descends la rue de Rivoli à tombeau ouvert, boulevard du Montparnasse, Champs-Élysées, et mon Louis serre les dents, ignorant commérages et rumeurs, en échange de quoi je ne lui pose jamais de questions : pas plus sur ses « affaires », ses « marchés » ou ses « partenariats » que sur les traces rouge désir que je retrouve parfois, maculant en demi-lune ses cols de chemise, ou sa veste imprégnée de fragrances lorsque, rentré au milieu de la nuit, il s'affale encore chaussé en travers du lit conjugal que nous ne partageons plus depuis longtemps.

On pourrait croire que je m'abîme. Un regard suffit à m'enflammer ; une liqueur capiteuse déborde de mon verre ; on me pousse vers de troubles alcôves. Étreintes brutales suivront. Je me laisse faire, les yeux collés au plafond, songeant à ma Raymonde. Un homme s'assied sur un lit.

– Vous pleurez.

Je m'assieds, un drap blanc brodé ramené contre mon sein.

– Mille excuses, dis-je. Je ne m'en étais pas rendu compte.

1904

Je continue de jouer : en avril, au côté Sarah, encore, dans *Varennes,* une pièce de Henri Lavedan et Gustave Lenotre où je suis grimée en marchande ; puis, en octobre, dans *Baptiste,* un innocent vaudeville donné au théâtre des Mathurins et mettant en scène un… perroquet, où je me vois confier un rôle autrement consistant, et que la presse trouve à son goût (« désopilante comédie », « brio endiablé », etc.). Louis, comme attendu, feint le désintérêt.

– Ta « carrière » ? (Il hausse les épaules, cure-dent au coin des lèvres.) Des flûtes, oui !

Mais tant que la marmite bouillonne…

Le fait est que mes « lubies », comme il les nomme, couvrent l'essentiel de nos besoins. Lui, de son côté, disparaît chroniquement (il s'est lancé dans une affaire d'import-export, « du sérieux, je te prie de me croire »), laissant désormais, et pendant des semaines entières, notre fils aux soins de sa mère, laquelle, à bout de forces, me tient en grande partie responsable de la situation.

Les discussions sont souvent houleuses. Louis tempête, quand il est là, puis se mure dans un silence buté ; se tord les mains, écluse de grands verres de vin blanc en regardant par la fenêtre, maudit le sort, postillonne d'invariables regrets.

– Ah, foutredieu : si j'étais resté en Afrique !

– Mais tu es revenu. On n'agit pas sans raison, si ?

Marthe, sa mère, fait les cent pas, réajuste des bibelots qui ne lui ont rien demandé, se tourne d'un coup vers moi.

– Peut-être que cet enfant était une mauvaise idée.

– Voilà une parole des plus réconfortantes, maugrée son fils, affalé dans un fauteuil.

– Je ne vous reproche rien, mais avec tout cette déveine qui vous est tombée dessus...

– Déveine ? répété-je, le regard vide.

Elle m'effleure le bras.

– Ce que je voulais dire...

– Il ne s'agit pas d'une déveine : il s'agit de la nuit, la nuit absolue, tombée comme un couperet. Le monde s'est arrêté. (D'un coup de menton, je lui montre sa pendule.) Regardez bien les aiguilles. Les voyez-vous avancer ?

– Eh bien...

– Moi non plus. Le temps ne passe plus, Marthe : c'est nous qui passons. Nous qui fuyons le désastre. Seulement, nous ne partirons jamais assez loin.

La pauvre s'assied, perdue, secoue la tête. Elle n'ose plus me regarder.

Assis au troisième rang, au côté d'un petit personnage à la barbiche méphistophélique (un certain Marcel Wargner-Camus, l'un des innombrables amis du marchand d'art Ambroise Volard, qui s'est récemment pris pour lui et ses toiles d'une étonnante affection), Augustin Berthomier, mains crispées sur les cuisses, s'efforce de maîtriser le rythme de sa respiration. Les attaques de narcolepsie dont il a commencé à souffrir il y a près de deux ans ne le laissent plus jamais en paix. Souffle court, bouche sèche, paupières frémissantes... Il a appris à reconnaître les signes. Parfois, comme le condamné accueille la vague, il lui est arrivé de s'y abandonner avec une sorte de volupté. Car il sait aussi ce qu'il doit à ces épisodes : un monde de sens exacerbés, un tourbillon de visions incandescentes auquel, sans elles, il n'aurait jamais eu accès.

Ce soir, cependant, le moment serait particulièrement mal choisi. Wargner-Camus, qui fréquente Sarah Bernhardt, a promis de la lui présenter ; elle ne joue pas dans la pièce, mais il croit savoir qu'elle sera là.

– Pourquoi ? a demandé Augustin lorsqu'il lui a annoncé la nouvelle.

Le petit homme, joaillier de son état, en est resté bouche bée.

– Pourquoi quoi ?

– Me présenter une actrice ?

– Serais-tu idiot ? Oh, oh, ne réponds pas. Mais enfin : parce que c'est Sarah ! Notre dame immense !

Pour lui, il n'y a rien à ajouter.

– Ça te plaît, au moins ?

Wargner se penche, les yeux plissés. Son haleine sent le tabac et la dent gâtée. Augustin approuve, sans se forcer. Depuis son arrivée à Paris, un an et demi plus tôt, les motifs de satisfaction sont rares.

Bientôt, le rideau tombe, et un tonnerre d'applaudissements éclate : le premier rang se lève, vite suivi par les autres. Les regards rayonnent ; les gens se sont amusés. Tonitruant comme toujours, Marcel siffle entre quatre doigts bagués.

– Allez, ramène ta carcasse ! ordonne-t-il, attrapant son jeune ami par le bras après que la petite troupe, qui est venue trois fois recueillir les acclamations du public, a disparu pour de bon.

Les coursives du théâtre des Mathurins n'ont pas de secret pour le sieur Wargner-Camus ; alors que les spectateurs convergent en désordre vers la sortie, le voilà déjà qui mène son compagnon vers les loges.

– Sarah !

Au-dessus de la mêlée des habilleuses, imprésarios et autres dames de compagnie, le petit homme agite la main en sautillant. L'actrice, qui l'a vu, répond à son salut, mais se remet bien vite à discuter avec deux hommes à la mise élégante, dont l'un est en train d'enfiler des gants blancs.

– Qui sont ces corniauds ? siffle le pétulant, bataillant pour se frayer un passage parmi la foule des journalistes et autres complices.

Sur quoi il se volatilise.

– C'est votre ami ?

Augustin se retourne. Adossée au mur, une jeune femme chapeautée, qui vient de remettre ses épaulettes en place, se fend d'un modeste sourire. Cette jeune femme, c'est moi.

– Vous êtes...

Il bat des cils, ses yeux se révulsent, il glisse lentement le long du mur – je le rattrape avant qu'il s'écroule.

– Que vous arrive-t-il ? (De ses deux mains, en naufragé, il se raccroche à mon bras.) Voulez-vous que nous appelions quelqu'un ?

Il secoue la tête, inspire à petites goulées, lutte avec vaillance, à mi-chemin entre deux rives. Pour finir, il retrouve la terre ferme.

– Je suis désolé, souffle-t-il. En vous voyant, j'ai cru...

Son excuse meurt sur ses lèvres. Je le lâche : il se recoiffe, époussette son gilet.

– Allez-vous mieux ?

– Je crois que je manque de sommeil, dit-il encore, se redressant tout à fait. Pardon de vous avoir effrayée.

– Il m'en faudrait plus. (Je lui tends trois doigts, qu'il serre gauchement.) Nous nous sommes déjà rencontrés, savez-vous ? Il y a quelques mois – un an, peut-être –, dans un cabaret du boulevard de Clichy.

Il porte à son front deux doigts tremblants.

– Vraiment, je...

– Le *Cabaret du Ciel* ! m'écrié-je, ça me revient. Tout à côté de celui de l'Enfer, avec sa grande gueule ouverte ! Je portais un masque d'oiseau.

– Peut-être...

– Vous vous ennuyiez à cent sous de l'heure. Vous restiez dans votre coin, au côté d'un autre homme, à griffonner dans un carnet, et moi je discutais de l'esthétique du vide avec un négociant en toiles. (Il se frotte les yeux, ahuri.) Oh, ne vous tourmentez pas, ça n'a pas la moindre importance. Je suis Maria. Je veux dire : sur scène. En coulisse, c'est Raymonde Deroche, et Élisa dans-la-vraie-vie. Je ne voyais que vous, au troisième rang, vous remuiez sans cesse. Les sièges sont-ils à ce point inconfortables ?

Il secoue la tête.

– Misère, je... C'est mon dos, je suis confus. J'ai les vertèbres fragiles. J'espère que cela ne vous a pas trop dérangée.

– Je ne joue pas un rôle si difficile.

– Je vous ai trouvée impériale.

– Oh, à tout le moins ! (Je ris.) À qui ai-je définitivement l'honneur, monsieur le roué flagorneur ?

Rouge comme une pivoine, il pose une main sur son cœur, s'incline.

– Augustin Berthomier. Artiste-peintre. À l'essai.

D'autorité, je l'entraîne à l'écart.

– Vous ne voulez pas sortir dîner ?

Il a l'air affolé, guette la plaisanterie, se retourne. Où est passé Marcel ?

– C'est-à-dire..., bredouille-t-il, gêné, je ne sais pas si...

– Je vous prédis, si vous vous attardez, une kermesse assommante. Avec tout le monde et les autres encore. Vous ne manquerez pas à votre camarade. (Il va pour objecter. Je pose un doigt sur sa poitrine.) Vous vous êtes laissé entraîner, mais vous ne vous sentez pas à votre place. Problème : vous n'avez pas un fifrelin en poche. Vous vous pensez donc contraint de le suivre. Le hic, c'est qu'il vous a oublié. Voyez.

Augustin suit mon regard, hissé sur la pointe des pieds : Marcel est en grande discussion avec un géant à barbe rousse, probablement un acteur. Il revient à moi, étonné.

– Je ne suis pas devineresse, continué-je. Tout est écrit sur votre visage. Vous faites partie de ces olibrius de Montmartre, n'est-ce pas ? La joyeuse bande.

– Pas si joyeuse...

– Attendez-moi ici un instant. Le temps de me changer, et je m'occupe de vous. En attendant, cachez-vous et faites le guet.

Je le prends par le bras. Il ne sait toujours pas ce qu'il a fait pour mériter ma curiosité, mais c'est ainsi ;

nous allons d'un bon pas, et je parle pour deux, levant la tête vers la lune coincée entre deux immeubles. Je porte une robe noire, une veste à revers fourrés et un chapeau à plumes ; deux bracelets d'argent tintinnabulent à mon poignet. Lui, avec sa veste rapiécée et ses souliers d'ouvrier, craint visiblement le regard des autres.

Arrivée devant la Rochet-Schneider, garée le long du trottoir du boulevard Haussmann, je fais le tour pour ouvrir sa portière.

– Vous êtes déjà monté dans une auto ?

Il secoue la tête, effaré, se juche sur la banquette avec appréhension ; je referme, contourne la bête.

– Pas de protection ?

– Ah, ah. Vous auriez bien moins peur si j'étais un monsieur.

Il se récrie, vexé.

– Certainement pas !

Je prends place à mon tour et mets le moteur en marche. Il rajuste sa casquette. Mort de trouille, oui, mais il n'en montrera rien. Je lui jette un regard narquois.

– La principale qualité dont doit se prévaloir un bon conducteur, c'est le sang-froid. Et je vous le donne en mille : je n'ai jamais peur.

Il me décoche un regard intrigué.

– Jamais ?

Nous démarrons, et il porte une main à sa bouche, s'agrippant à ce qu'il peut de l'autre.

– Allons, dis-je, vos prières sont superflues. Je vais plus vite à motocyclette.

Il aspire par à-coups, osant à peine regarder les arbres noirs qui, sur nos côtés, défilent en accéléré.

Obliquant vers la rue Auber, nous passons l'opéra Garnier, et il pivote pour admirer la façade grandiose, coupoles et statues dorées.

Nous louvoyons entre les voitures à cheval, et je mets le cap sur le boulevard des Italiens.

– J'ai fait un détour, lui expliqué-je. Il serait dommage de ne pas en profiter.

Cinq minutes plus tard, je range mon véhicule le long de la chaussée du boulevard Poissonnière.

Je descends la première, attendant que mon passager reprenne ses esprits. Pied à terre, il se retient à la portière ; le décor tangue, ma parole.

Une fois encore, je le saisis par le poignet pour l'amener à moi. Rajuste le col de sa chemise, tapote les épaules de sa veste, arrange ses cheveux en bataille.

– Le vent vous fait une drôle de tête.

– Il faut que je vous dise, commence-t-il, tandis que nous avançons dans la rue du Faubourg-Montmartre. Je n'avais pas prévu…

Je balaie l'objection d'un revers. Compassé, un loufiat aux cheveux gominés nous ouvre la porte.

– Madame Deroche…

– Bien le bonsoir, Albert.

Un maître d'hôtel me prend mon manteau (je garde mon sac) et nous conduit à une table pour deux, au fond de la salle. Malgré l'heure avancée, il y a foule encore, et un joyeux tintamarre emplit la salle-cathédrale, où percent rires et bruits de fourchettes.

– Ici, ça ira ?

J'opine. L'homme me tire la chaise puis tourne les talons, non sans avoir gratifié Augustin d'un clin d'œil équivoque.

Bouillon Chartier… Il n'est venu qu'une fois, m'avoue-t-il, piteux, avec un type presque aussi pauvre que lui, un poète aux yeux de charbon qui, deux semaines durant, l'avait logé chez lui, dans une chambre de bonne misérable. Un « évaporé », comme les a baptisés son bienfaiteur Vollard : des âmes en transit, des comètes qui brillent un instant, intenses, avant de disparaître dans un lait de charbon. À présent, il est de retour et, s'il prend le temps d'y réfléchir, il doit bien reconnaître que sa situation ne s'est guère améliorée depuis l'été de 1904.

Longtemps, il a espéré que la Providence lui adresserait un signe. Il a attendu, encore et encore. Paris est une ville cruelle, qui ne réserve sa mémoire qu'aux bénis et aux riches.

Je lui tends la carte.

– Je suis en fonds. Ne mégotez pas.

Pour ma part, ayant déjà choisi, je prends le temps d'examiner mon visage dans un miroir de poche, à la recherche d'une trace de khôl superflue. Augustin salive. Un confit de canard ? Je le sens honteux, mal à l'aise. Il m'observe à la dérobée.

Un serveur vient s'enquérir. Je commande deux œufs durs mayonnaise, « ils sont divins », un pot-au-feu pour moi et « le confit de canard pour monsieur ». Puis je joins mes mains devant mon visage.

– Racontez-moi.

– Quoi ?

Jouant avec mon couteau, je fais scintiller un éclat de lumière sous le gros globe lumineux. Il lève les yeux vers la verrière finement ouvragée, et je repose mon couvert.

– Pourquoi je me suis entichée de vous – et réciproquement, surtout. Vous me voyez, vous manquez vous évanouir. Avais-je donc l'air d'une apparition ?

Il regarde ailleurs.

– Vous ressembliez à quelqu'un que je connais. Terriblement.

– Une âme sœur ?

Il se mord la lèvre inférieure.

– Un ange.

– Plaît-il ?

– Sur un tableau. Dans une cathédrale : il avait votre exacte expression. Oh, je dois avoir l'air tellement ridicule…

Je pose une main sur la sienne.

– Regardez-moi. Vous êtes épuisé.

– Oui.

– J'ai noté votre présence instantanément. Il y a toujours, dans le public, quelqu'un de spécial pour attirer notre attention, un quidam parmi cent autres, pourquoi lui, pourquoi aujourd'hui ? Nous n'en savons rien, mais nous jouons pour lui seul. Ce soir, c'était vous. Tout arrive pour une raison. Et ne faites pas cette tête. Je sais très bien que vous préférez les hommes.

Augustin entrouvre la bouche.

– Que…

– Je ne suis pas précisément un oiseau de nuit, poursuis-je, et, pour la bagatelle, vous trouverez toujours plus enjouée, mais j'ai de bons amis acteurs, et nombre d'entre eux lorgnent plutôt de *l'autre* côté, voyez-vous ? Les bains de Montmartre, certaines brasseries… Vous êtes seul ? (Il baisse la tête, silencieux. Je me penche vers lui.) Allons. Racontez-moi. Je pourrais devenir une amie.

Lentement, il plante son regard dans le mien. Raconter ? Mon Dieu, par où commencer… Il vient de province. Vitry-le-François, département de la Marne, une petite ville triste et grisâtre, confite d'ennui. Un père sévère, notable local, une mère effacée peu douée pour l'amour, il est fils unique, est-ce une chance ? Et, oui, j'ai vu juste : il a toujours préféré les hommes. Seulement, il a mis du temps à l'admettre.

– Et puis, dis-je, il y a eu un garçon.

Il cligne des yeux, ahuri.

– Un garçon, oui. Un… un camarade de collège. Tout de suite, nous nous sommes compris. J'étais…

Il se tait un moment. Déjà, on nous apporte nos entrées. Sans attendre, je plante ma fourchette dans un demi-œuf dur, taquine un monticule de mayonnaise torsadée avant de l'enfourner.

– Che chuis malpolie, pouffé-je en battant des cils.

Augustin empoigne sa fourchette à son tour, et la tient un instant dressée.

– Il s'appelait Paul-Victor. C'était un diable.

Il commence à bâfrer.

– Ange, diable... Vous ne devriez pas prononcer ces mots à la légère, dis-je.

Il déglutit, insiste : une créature des enfers, si, retorse et magnifique. Ils l'ont fait deux fois. Dès la première, il a compris qu'il était « fichu ». À la deuxième, il a pleuré : de joie, de gratitude. Et puis il a couru à l'église.

Du coin de ma serviette, je me tamponne les lèvres. Je lis en lui comme dans un livre.

– Il vous a fait du mal.

Augustin hausse les épaules. Est-ce le bon terme ?

– Il voulait tout le temps partir. « Paris », il n'avait que ce mot-là à la bouche. « Ici, répétait-il, c'est l'étouffement qui guette. Un jour, nous serons découverts, et alors... À Paris, nous pourrions être qui nous sommes... » Il avait raison, je le savais. Moi, je manquais de courage. Toujours, je lui demandais du temps. Depuis peu, je donnais des leçons de français au fils d'une comtesse. Elle m'appréciait, je crois, elle parlait même d'augmenter mes émoluments. Je pouvais gagner de l'argent, des sommes appréciables ! De quoi voir venir...

– Mais lui ne pouvait plus attendre.

– Il avait eu sa part de mort : c'était ce qu'il me serinait. Il a eu des mots très durs, à la fin. Comme quoi notre amour ne comptait pas pour moi. Au fond, je n'étais qu'un petit-bourgeois.

– Il espérait vous mettre en colère.

Augustin repose sa fourchette.

– Il est parti. Un beau jour. Un jour très laid, en fait. À maintes reprises, il m'avait mis en garde, mais... je ne sais pas... je pensais à des paroles en l'air. Quel imbécile je faisais. Il ne manquait pas de bravoure, lui.

Je hoche la tête, remplis nos deux verres de vin, lui fais signe de terminer ses œufs et, pendant un moment, il se contente de mâcher, de savourer, de fermer les yeux pour chasser la douleur. Jamais, me confie-t-il avec un embarras délicieux, il n'a goûté une mayonnaise aussi légère et crémeuse.

Je porte mon verre à mes lèvres.

– Vous ne l'avez jamais revu ?

Il prend un morceau de pain et le considère rêveusement, avant de commencer à saucer.

– Il m'avait laissé une adresse. Un simple bout de papier, posé sur ma table de nuit. Quelques mois plus tard, je me suis décidé à le rejoindre. Je suis monté à Montmartre, je me suis rendu à l'adresse indiquée. J'ai montré quatre étages, un monsieur m'a ouvert, un vague cousin, si j'ai bien compris. Paul-Victor ? Oui, il était venu, il était resté deux ou trois semaines et puis pfuit ! un matin, il s'était envolé. Quelques semaines plus tard, par un télégramme, j'ai appris que mon grand-père avait mis fin à ses jours : le jour même de mon départ. Je n'ai jamais su si c'était un hasard, mais...

Je lui tends un mouchoir. À travers ses larmes, il me sourit. L'amitié immédiate dont je me suis prise pour ce garçon n'est pas si mystérieuse. D'emblée, je l'ai senti perdu. Pas à la manière de ceux qui, pleins d'une sève juvénile, partent à l'assaut du monde et s'égarent, non : perdu comme un enfant, entre les remugles du monde d'en bas, et des cieux dont il se pense indigne.

Les plats arrivent, les assiettes chaudes, les bonnes odeurs. Augustin guigne son confit de canard. Ses yeux brillent, ses mains tremblent presque.

– Je ne comprends toujours pas ce que j'ai fait pour mériter tant de malheurs. Et tant de bonnes grâces aujourd'hui...

J'élude la question, lui ressers du vin.

– Tant qu'on ignore la chute, le sens de l'histoire nous échappe.

Comment souvent à Paris, il y a eu le hasard. La rencontre. Un homme au regard las et à la barbe courtement taillée, gravissant les marches du vieil immeuble tandis que lui, Augustin, les dévale dans l'autre sens.

– Il m'a demandé une cigarette. Je lui ai donné la dernière que j'avais, et je suis allé m'asseoir sur un banc, en bas, incapable de décider ce que j'allais faire de ma nuit. De ma vie.

L'homme s'appelle Ambroise Vollard (évidemment, pensé-je), c'est un marchand d'art très couru, qui possède un magasin d'exposition au n° 6 de la rue Laffitte, le quartier des galeries. Il doit être près de onze heures quand il redescend, et la nuit est froide, déjà, lorsqu'il retrouve Augustin prostré sur son banc, les mains cachées dans les poches de son manteau de laine. Il s'assied à son côté, tapote son pardessus à la recherche de quelque chose à fumer, avant de se souvenir.

– Tu parles d'une tannée !

Il se tourne vers le solitaire, et engage la conversation. Il a passé sa soirée à siroter un cognac médiocre avec un jeune godelureau imbu de sa personne et recommandé par un tiers, « pourquoi continué-je à faire confiance à ce coquin de Durand-Ruel ? », un fils-à-papa qui lui a promis monts et merveilles mais ne s'est révélé, en définitive, qu'un petit faiseur sans envergure. Au bout d'une dizaine de minutes, il s'arrête.

– Au fait, à qui ai-je l'honneur ?

Augustin se redresse. Lui raconte sa fuite. Son arrivée parisienne dans la nuit, sous la pluie froide. Son ami n'est plus là. Il n'a nulle part où aller. Bien sûr, il possède quelque argent, il peut toujours prendre une chambre, mais après ? Il est arrivé à Paris gonflé d'espoirs et d'envies, il ne se pense pas plus sot qu'un autre, mince ! il peint aussi, mais il est seul, si désespérément seul... Rentrer chez son père ? Autant s'acheter une corde.

Le dénommé Vollard le dévisage avec attention, puis se lève, tire sur son gilet et se passe une main sur le visage.

– Allons chez moi, décrète-t-il. Nous discuterons demain.

Il habite rue de La-Tour-d'Auvergne, ce n'est pas très loin à pied, « vous venez ou vous campez ici ? ».

Augustin le suit, interloqué. L'homme, dont il ne sait rien d'autre alors que ce qu'il lui en a lui-même raconté, ne paraît pas animé d'intentions mauvaises : c'est déjà ça. Il soliloque, s'énerve facilement, il a l'air de quelqu'un d'important, il fait la pluie et le beau temps chez les jeunes artistes. « Surtout la pluie, ha, ha ! », annonce-t-il, menaçant du poing le ciel fuligineux tandis qu'une bruine glacée, de nouveau, vient piqueter leurs visages et que, laissant derrière eux le Sacré-Cœur enténébré, ils descendent la rue des Martyrs.

– Son appartement était petit, tarabiscoté, tout encombré de toiles. Il n'avait allumé qu'une lampe à pétrole et l'intérieur évoquait la cale d'un navire. Deux chats siamois se chamaillaient dans un coin. Ça puait le tabac froid. Il a ouvert une fenêtre pour faire entrer de l'air, il est parti dans sa chambre, en est revenu avec un oreiller et une couverture de laine. Il m'a montré un vieux sofa. « Est-ce que ça ira ? » J'ai dit oui. Il m'a tapoté le dos. « Alors à demain. » J'étais écrasé de sommeil, de solitude, je n'avais pas très envie de savoir à quoi le jour d'après ressemblerait, je voulais simplement fermer les yeux. Le lendemain matin, réveillé par les rayons du soleil, je me suis aperçu que j'avais dormi au milieu de toiles de Cézanne.

Augustin reste treize jours chez Ambroise Vollard. L'homme possède plusieurs logements dans Paris, qui font office de débarras ou de garçonnière, c'est selon.

Apparemment, il en prête certains à des artistes de passage. Envers ceux qui, frappés de misère mais dépourvus de talent, viennent gratter à sa porte, il se montre peu accommodant. Il ne se voit pas comme un bienfaiteur ou un mécène, explique-t-il à son hôte ; son travail, c'est marchand d'art et, quand il aide un « artiste », c'est uniquement parce qu'il détecte en lui un potentiel qui mérite à ses yeux d'être exploité : affaire de pari, en somme.

Dès le deuxième jour, Augustin demande à Vollard s'il souhaite le voir partir. Son hôte hausse un sourcil.

– Peins-moi un truc.

– Plaît-il ?

– Si je vois en toi un profiteur, je te jette dehors. Si tu es bien le pauvre garçon perdu que tu prétends être, c'est différent.

Le jeune homme se gratte la tête. Ils ont parlé tableaux la veille au soir, et le marchand a été surpris par les connaissances de son hôte qui a entendu parler non seulement de Renoir et de Van Gogh, mais aussi apprécie Cézanne, Gauguin et d'autres, dont Vollard pensait qu'ils n'étaient goûtés que par un étroit cénacle d'amateurs parisiens. Gorge serrée, Augustin explique que son grand-père, abonné à toute une série de revues d'art, et qui avait gardé des amis à la capitale, a joué pour lui les initiateurs. Vollard demande comment s'appelle ce grand-père, « parce qu'on ne sait jamais », et l'autre lui donne un faux nom. Le marchand secoue la tête. Non. Non, jamais entendu parler.

Le jeune homme ajoute, pour répondre à l'injonction première que, certes, il lui est déjà arrivé de barbouiller la toile, mais sans plus. Un accident de parcours ? Au vrai, le défi le titille davantage qu'il veut bien se l'avouer. Au lendemain de la discussion, il descend s'acheter des pinceaux et quelques pigments de couleurs dans un entrepôt de la rue Laffitte.

Toute la journée, sur une toile dénichée dans le fatras, il se met sauvagement à l'ouvrage, plongé dans un état second qui, réalisera-t-il plus tard, succède à une crise de narcolepsie laquelle, sans crier gare…

– Mettons les choses au clair. (Je repose ma fourchette ; Augustin aussi. De son confit de canard, il ne reste que quelques débris.) Vous êtes peintre, ou vous ne l'êtes pas ?

Mon invité hausse les épaules.

– Qui suis-je pour répondre ? Ce soir-là, Vollard n'est pas rentré ; je ne l'ai croisé que le lendemain, en fin d'après-midi. Ma toile était presque achevée. Il l'a ôtée de son chevalet, l'a détaillée en la tenant à bout de bras, et l'a jetée sur le sofa. « Ce n'est pas bien fameux, a-t-il fini par lâcher, mais je crois que j'ai ma réponse. »

Je lève mon verre.

– L'histoire se complique.

– Ensuite, Vollard est parti quelques jours. Il avait des affaires urgentes à régler, à Caen, si j'ai bien compris. En son absence, j'ai peint une autre toile : une grotte, comme la première fois. Quand il est rentré, une sacoche en peau de buffle à la main, Vollard a regardé mon deuxième tableau, a concédé qu'il était « un peu moins désastreux » que la premier, et que, navré, mais il fallait que je vide les lieux demain à la première heure, parce qu'il attendait quelqu'un. Il a aussi déclaré qu'il existait un endroit pour les gens comme moi. Le *Bateau-Lavoir*. Vous connaissez ?

Une fontaine pittoresque, des marronniers aux branches dépenaillées, une courette semée de pigeons tristes : telle est la place Ravignan où, à en croire la chronique, Napoléon lui-même, en 1809, a attaché son cheval à un arbre afin de terminer à pied son ascension vers le sommet de la butte pour aller admirer le télégraphe de Chappe, accolé à la vieille église de Montmartre. Au n° 13 de la rue, un long bâtiment de bois s'étire, semblable à un vaisseau. Une porte entrouverte donne sur un escalier qui distribue trois étages avant de déboucher, en contrebas, sur la rue Garreau.

Un vrai labyrinthe, ce Bateau-Lavoir, avec ses escaliers vermoulus, ses murs en bois suintant, ses portes de guingois couvertes de dessins et de graffitis et ses appartements (ou ateliers) minuscules, séparés par de minces parois où flottent, mêlées, des odeurs de moisissure, d'urine de chat ou de peinture. Combien de freluquets en ces lieux ? Vollard, qui vient de questionner Mme Coudray, la concierge-par-qui-tout-passe et qui collecte les loyers, Vollard, donc, ôte son chapeau et se passe une main sur le crâne. Combien ? Difficile à dire, ça change sans cesse. En ce moment, il y a beaucoup d'Espagnols, deux ou trois anarchistes, un critique d'art que sa duchesse d'épouse a jeté dehors et un quarteron de peintres français qui, à n'en pas douter (ou peut-être que si), verront un jour leurs noms s'inscrire en lettres d'or au fronton de la Postérité.

Augustin se tourne vers le marchand.

– La voilà, votre idée ?

– C'est une cité d'artistes et, pour ton malheur, je crains que tu ne sois équipé d'un vague talent. Le bon endroit pour les drôles de ton acabit : tu ne trouveras pas moins cher.

– Je ne connais personne.

– Tu vas te faire des amis. La compagnie, ça réchauffe.

– Ces gens sont des clochards, marmonne Augustin en regardant un vieil homme sortir, coiffé d'un bonnet de fourrure, une toile déchirée sous le bras.

– Tout juste. Mais ils sont riches d'une liberté authentique. Et ils font corps. Allez, soupire-t-il en passant un bras autour de son épaule, viens, je te paie un vin chaud au *Lapin Agile*. Un rade aux petits oignons, si je puis dire. Bientôt, tu les connaîtras tous.

– Je ne sais pas boire.

Vollard s'arrête, soucieux, considère le jeune homme en se grattant le nez.

– Il va falloir remédier à cela, mon ami. On peut avoir l'alcool triste ou joyeux mais, si on ne boit pas, on est plus seul que quand on est seul. J'ai réglé un mois de loyer. Tu viendras me trouver quand tu auras pondu quelque chose de correct.

– Ainsi a commencé ma vie là-haut, conclut le jeune homme, qui vient de terminer sa mousse au chocolat et se pourlèche les lèvres. Au vrai, on n'est pas malheureux au Bateau. Il y a des gens chics, des têtes brûlées, des chiens galleux, mais Vollard avait raison : la compagnie est bonne. Le malheur est soluble dans la jeunesse, et l'art le rachète.

– C'est Vollard qui a dit ça ?

– Vollard dit tellement de choses. Je le croise encore, une ou deux fois par mois, mais je sais que ce n'est pas pour moi qu'il vient. Il y a ce Picasso, qu'il révère à l'excès, et dont tout le monde nous rebat les oreilles... Le bonhomme tient salon, ces temps-ci. Moi, je ne suis qu'un petit gribouilleur, je cherche mon chemin sous la terre. Mais je ne me plains pas. À Montmartre, on est comme à la campagne. Pas de tramways, pas de voitures, pas de grands magasins : rien que le calme, le bon air et les jardinets. Un marchand de fruits, un jour sur deux. La petite boulangère qui m'offre une brioche tous les dimanches...

Sa tête ploie, comme sous un joug invisible. De l'index, je lui relève le menton. Et change de ton.

– Mais tu penses toujours à Paul-Victor.

Sourire amer.

– Le beau bougre doit être mort, à l'heure qu'il est. Ou parti en Amérique, ce qui revient au même. Je ris, parfois, mais au fond, je suis bien mal. Pauvre comme il faut, et atteint d'une affection que personne ne comprend. Mon grand-père s'est tué. Est-ce que sa mort m'était destinée ? Et puis, il faut le dire, je n'ai pas de grand talent. Quand je regarde l'avenir, je ne vois que du brouillard.

Prenant sa main entre les miennes, je pose mes lèvres sur ses jointures. À une table voisine, un couple de notables nous jette des regards courroucés. Je leur souris, puis reviens à Augustin, les yeux dans les yeux.

– Tu n'es plus seul.

Nous devenons âmes sœurs. Pourquoi ? Parce qu'il souffre beaucoup, je crois. Parce que, souffrant, il me voit telle que je suis. Fortifie mon âme et fabrique mon mystère.

Oh, j'ai des amis, déjà. Des amis à ma façon lointaine, frères de cabaret, amants experts, épris incertains, tournant tels des phalènes autour d'une lumière dont ils savent qu'elle les blessera… Mais ce n'est pas la même chose. Augustin me sait, lui. Nous avons arpenté un semblable cloaque et visons un royaume identique. Parfois, sans raison, nous pleurons rien qu'à nous regarder. « Triste » est un mot qui ne nous plaît guère. Nous en savons des plus cruels.

Trois ou quatre fois par mois, sans qu'il ne s'avise plus de protester, je l'invite au restaurant : *Le Train Bleu* quand je reviens de province, *La Fermette Marbeuf*, dont nous avons goûté, je crois, tous les soufflés, *Le Provençal* et ses tartes fines, à deux pas de la places des Vosges, ou *L'Escargot Montorgueil*. Souvent, je l'emmène en voiture. Aux beaux jours, nous allons à pied. Je lui ai acheté deux costumes, une lavallière, lui ai choisi un chapeau ; de mon côté ? Toilettes joyeuses, robes de gala offertes par des soupirants-couturiers, manteaux aux couleurs vives, présents de photographes. Aux premiers temps, je lui raconte mes pièces, mes amitiés, mes projets : je veux croire que cela le distraie. Puis je me courbe vers lui, attentive, concernée.

– Et tes amours, Augustin ? Ta santé, tes crises ? Tes tableaux ? As-tu besoin d'argent ?

Il secoue la tête, montre ses paumes, proteste mollement.

– Je peux m'en tirer seul !

Je lui effleure la joue.

– Bien sûr, murmuré-je.

Bien sûr. Parfois, quand nous rentrons trop tard ou répugnons à nous quitter, tout énamourés, tout ravis que nous sommes l'un de l'autre, je nous offre une nuit d'hôtel. Deux chambres contiguës, donnant sur des parcs ou des jardins. Je le borde quand la pluie bat au carreau, de sœur me mue en mère, et une lueur d'enfance danse au fond de son regard, ô petit garçon, je ne peux que m'éprendre ! Je le sais torturé, aussi, déchiré d'élans contradictoires, et quelque chose en moi s'irrite de ne pouvoir l'aider davantage. Je voudrais lui bâtir un refuge, un sanctuaire, un lieu protégé où il pourrait enfin se reposer ; cela prendra du temps ou, peut-être, n'arrivera jamais. Au matin, je l'attends à la table du petit déjeuner en lisant le journal. Il me dit « pimpante », loue ma « bonne mine », je pousse vers lui la corbeille des croissants.

– Alors ? Prêt à aller mieux ?

Nous sortons sur les avenues. Sous des prétextes plus ou moins fantaisistes, je lui achète un chapeau, encore, un parapluie, des chaussures, une couverture. Nous nous arrêtons dans des cafés, allons au musée, nous perdons au fond des cours, dans l'arrière-plan des toiles. Il me prend le bras, bien réjoui, je crois, de l'affection que je lui porte et qu'il ne pense pas mériter. La vérité, c'est que je trouve en lui des qualités que les autres n'ont pas. Il est le seul à qui je parle de ma Raymonde perdue, et ses larmes sont une récompense douce-amère.

– Pauvre trésor, gémit-il.

Trésor : ce mot entre tous. Butin sans prix, oui, inaccessible – cette douleur en moi qu'il comprend et apaise. Sa main posée dans la mienne. Sa paume sur ma joue. L'hypocrisie, la sophistication, la réserve sont étrangères à Augustin, comme toute forme de calcul. C'est un enfant, à cet égard, un petit aux grands yeux dans un corps de poète. On ne peut, *je* ne peux que l'aimer. Avec désespoir et nonchalance.

Jamais je ne l'invite chez moi, pour la simple raison, lui expliqué-je, que ce n'est « pas réellement chez moi ».

Mes beaux-parents rôdent, furètent, s'enquièrent ; sans compter mon cher et imprévisible époux, capable de surgir de façon parfaitement impromptue. Bien que la nature de notre relation ne soit entachée d'aucune ambiguïté, je ne tiens pas expressément à lui présenter mon ami.

De mon côté, je ne me rends au Bateau-Lavoir qu'une fois par mois. Le studio d'Augustin n'est guère plus qu'un gourbi mal chauffé, avec un lit de collégien et un petit coin pour peindre.

– Tu t'y sens à ton aise ?

Il acquiesce, un peu trop vivement. De l'autre côté de la cloison, un couple d'Italiens (elle se dit sculptrice – lui, c'est moins clair) s'est installé il y a trois semaines, qui vit une histoire fort peu discrète : les rugissements de la copulation le disputent aux hurlements de rage et aux bris de vaisselle.

– Je connais à présent le nom de la plupart des locataires, me confie Augustin.

Et d'entamer une enthousiaste recension. Un lithographe, un poète, un adepte du fauvisme… Des passionnés, épris de lumière et de vers ardents, qu'il retrouve dans les bars, les guinguettes, ou en pleine rue, la nuit, titubant en cohortes sous les lumières artificielles, près de la fontaine où l'on vient chercher son eau. Certains l'ont pris en affection et l'entraînent dans leurs aventures endiablées mais le jeune homme, l'un dans l'autre, mène une vie plutôt monacale. Du moins est-ce ce qu'il me raconte : à moi, son amie.

La vérité est quelque peu différente. Au fil des mois, mon petit peintre m'apparaît de plus en plus clairement sujet à de spectaculaires variations d'humeur. Existe-t-il quelque chose comme un « dédoublement de personnalité » ? Un ami médecin m'a mise en garde contre les diagnostics trop hâtifs, mais les faits sont têtus. Le jour durant, Augustin s'astreint à une discipline rigoureuse, avale son café double, enfile son tablier, dispose ses pinceaux et se met à l'ouvrage ; ou bien, dans les recoins de Montmartre, loin du tumulte, s'assied à l'écart, cheveux au vent, et s'essaye aux pastels. Au déjeuner, un repas frugal, du pain, du fromage, un reste de terrine, peut-être, le fond d'un cruchon de vin, et il se remet à l'ouvrage. Les après-midi se révèlent plus mouvementés. Ses crises de narcolepsie le prennent désormais à une fréquence alarmante. Elles sont, en général, précédées de violentes attaques de névralgie faciale qui déforment les traits de son visage. Il lui faut, alors, regagner le Bateau au plus vite. Il n'en trouve pas toujours le temps. S'endort sur un banc, lorsqu'il a la chance d'en trouver un, au pied d'un arbre, ou sur un carré d'herbe fraîche. D'autres fois, c'est la chaussée, un renfoncement de porte ; il arrive qu'on le retrouve étendu au beau milieu d'une placette. Tout le monde, au quartier, a repéré sa silhouette de saltimbanque, ses cravates bouffantes, ses mèches rebelles, son regard bleu halluciné, et il se trouve toujours une bonne âme pour le ramener chez lui. Quand il ouvre les yeux, en plein air ou dans la pénombre de sa chambre, il lui faut un long moment avant de recouvrer ses esprits. Il revient d'*ailleurs*, raconte-t-il à qui veut l'entendre, de contrées ravagées, de longues plaines chtoniennes où soufflent des vents vénéneux. Lourd, se sent-il, riche, chargé de visions. C'est l'Augustin du jour, le jeune homme torturé mais sérieux, qui se remet au travail jusqu'à l'heure du dîner pour coucher sur la toile le souvenir de ses errances.

Mais la nuit… La nuit, quand le sommeil, obstinément, se refuse à lui, quand sa fée marraine aux gestes mesurés est occupée ailleurs, prise qu'elle est par ses pièces de théâtre ou sa vie de famille (« n'est-ce pas la même chose ? », raille-t-il), l'affable Pierrot sent gonfler en lui une énergie au goût de soufre. Il se grime, souligne ses yeux de khôl, se pare de guenilles, de fanfreluches, de vêtements pour femmes chinés dans des puces obscures, ses lèvres sont gonflées d'incarnat et des mitaines résillées lui montent jusqu'au coude. Alors, l'embout ivoirin d'un fume-cigarette coincé entre ses lèvres, il descend vers Pigalle en zigzagant. Sourd, autant qu'on peut l'être, aux voix de la morale et de la raison, il met le cap sur les Bains, le *Palmyre's Bar*, non loin du *Moulin Rouge*, et puis, « si rien de faramineux » n'advient, s'enfonce dans les doucereuses alcôves du *Parisiana* ou les allées sombres des Tuileries, peuplées de chuchotis et de frôlements.

À l'heure du retour, dans les lueurs étriquées de l'aube, le visage lavé par les larmes et la pluie, lesté de parfums d'homme, il a le sentiment de monter à l'assaut du Golgotha. La lucidité, lui semble-t-il, renaît avec le jour. Mirant son reflet dans une flaque, il ne se reconnaît pas. Chair meurtrie, âme condamnée. Les chats noirs s'écartent sur son passage.

– Si seul, se répète-t-il. Si incurablement seul.

Et si chétif, songé-je en le serrant dans mes bras, tout secoué de sanglotants remords.

1905

Le 1er avril 1905, en l'église Saint-Merry, ma grande Jeanne, Jeanne la sérieuse, convole en très justes noces avec Clément Jules Hitier, un jeune homme de bonne famille que notre père apprécie beaucoup. Bien vite, le couple s'installe dans le vaste appartement du 71 rue du Temple, au premier étage, au-dessus du magasin et des ateliers de la maison Deroche. Il est clair pour tout le monde que ce garçon, une fois notre père à la retraite, présidera à sa suite aux destinées de l'entreprise.

Ganté de blanc, coiffé d'un haut-de-forme, l'élu de ma sœur, un beau moustachu aux manières raffinées, l'a laissée passer son bras sous le sien. Retenant un pan de sa robe, elle sourit humblement au photographe et moi, moi Élisa qui, pour un temps, ai cessé d'être Raymonde, je la couve d'un regard aussi aimant que possible. Pour elle, je le lui ai dit, je pressens une existence longue et sans heurts, une vie de devoirs simples et de joies honnêtes. Bien le contraire de la mienne, en somme. Je trouve à m'en divertir. Pourquoi me suis-je mariée, déjà ? Louis s'en est retourné pour trois semaines au Maroc : c'est, du moins, la jolie fable qu'il m'a servie.

En novembre de cette même année, je pose de nouveau, sous l'objectif de Paul Boyer. J'ai affiné mon pseudonyme : « Raymonde De Laroche, du théâtre Sarah-Bernhardt ». Mon regard, affirme l'artiste, brille d'une qualité assez peu définissable, une sorte de pureté de pythie virginale.

– Un regard qui dit : « Je vous connais. » Je vous connais, et je vous prends tel que vous êtes. On serait enclin, ma chère Raymonde, à vous confier de sombres secrets.

– Devrais-je ouvrir un cabinet de consultation ?

– De voyance, plutôt.

Je tempère, atténue, parle d'autre chose ; mais ses mots, ce jour-là, produisent sur mon esprit une tenace impression. Augustin me dit tout, c'est vrai, s'en remet à moi, à mes augures.

– Quand nous reverrons-nous ? me demande-t-il, pressant, chaque fois qu'il nous faut nous séparer.

Je lui prends la main, caresse ses doigts l'un après l'autre, comme s'il fallait les recompter, lui dis que son cœur bat comme celui d'un nouveau-né, le recoiffe avec douceur.

– Bientôt, soufflé-je. Allons, pourquoi trembles-tu ? Si l'un des deux quitte l'autre un jour, ce ne sera pas moi.

L'hiver déboule tous vents dehors ; ce blanc majeur m'enchante. Un flocon virevoltant vient se poser sur ma langue, les gamins s'affrontent dans les rues, une boule de neige s'écrase en étoile sur un mur, mes bottines crissent dans la poudreuse.

– Je dois aller voir mon père, dis-je un soir.

Comme nous l'avions prévu, notre petit papa s'est retiré sans tarder des affaires et a confié les rênes de l'entreprise à son gendre, lequel a prévu de renommer la maison. À cinquante et un ans, il a décidé de partir vivre à Seyssel, en Haute-Savoie ; je dois l'aider à prendre ses marques, le cajoler un peu. À la descente du train, je passe à son cou une écharpe tricotée par ma sœur. Il fait un froid de gueux.

Deux semaines plus tard, tout habitée encore du silence des forêts, je retrouve ma capitale et file au Casino de Paris, où est organisée l'Auto-Redoute, un grand raout tenu « avec le gracieux concours des plus jolies artistes de Paris ». Mon nom (« Raymonde Delaroche ») figure parmi ceux du jury. Je demande à Augustin de m'accompagner. C'est une célébration baroque, avec ballets et orchestres, combats chorégraphiés, une « grande bataille de serpentins et de ballons », aussi, avec des danses et des farandoles, un lutteur, un nain, des mimes. Partout, remontant la rue de Clichy, des conducteurs fanfaronnent en frac et cravate blanche, avides de vivats. Bien vite, Augustin et moi sommes séparés. Libre d'entraves, mon enfant pâle s'en va et se perd. Le lendemain matin, me racontera-t-il, affublé d'une prodigieuse migraine, il se réveillera dans un lit géant, chez un directeur de grand magasin, entre monsieur ronflottant et une épouse plus jeune de vingt ans, occupée à se refaire les ongles en le contemplant avec curiosité, qui se lèvera bientôt pour aller préparer une « salade de fruits de saison ».

Quelques jours plus tard, nous partons traîner nos guêtres au Salon d'automne, célébration artistique où se presse une foule de curieux et d'exquis railleurs. « Les choses ont vraiment changé », ronchonne un vieillard, main sur le cœur. Je demande à Augustin de m'expliquer. Il me conduit de toile en toile, m'initie, m'affranchit.

– L'avenir est là..., murmure-t-il, ensorcelé. Matisse et ses excentriques bariolures, Rousseau aux candides audaces, la beauté simple des *Baigneurs* de Cézanne...

– Et toi ?

– Moi quoi ? Rentrons.

Ma tête sur son épaule ; les cahots du métropolitain nous bercent. Il pleure, et je ne lui demande rien.

Le temps va son cours. Cinq jours après l'arrivée au pouvoir d'Armand Fallières, élu avec soixante-dix-huit voix d'avance sur le radical Paul Doumer, annonce mon beau-frère enthousiaste, ma sœur donne naissance à un petit Charles, mon premier neveu. Famille comblée ! De Haute-Savoie, notre père revient en train. Il a prévu de rester deux semaines à Paris. Au premier dimanche, je l'emmène déjeuner chez *Jeannot*, une brasserie des Grands Boulevards. Le voilà papy pour la troisième fois, « absolument épatant ! », me répète-t-il comme pour s'en convaincre, mais il est clair que ses sereines montagnes lui manquent déjà. À Seyssel, me raconte-t-il, la neige recouvre tout, moelleux manteau à la surface craquante. Au petit matin, souvent, les traces d'un chevreuil effronté venu baguenauder dans son jardin.

– Et toi ? Ton couple ? Ton travail ?

Je fais tourner ma flûte de champagne, suivant des yeux l'ivre ascension des bulles. Moi ? Des projets, mon petit papa, encore et toujours : une nouvelle pièce de théâtre, un meeting automobile, maints rendez-vous avec des magazines.

Mon père opine, perplexe, on vient de lui servir son second café, il en prend toujours deux. Derrière ses mains jointes, il m'observe.

– Pourquoi ne me parles-tu jamais de Louis ? Ou de ton fils ?

Ne pas soupirer.

– Louis travaille dur, dis-je. Il rapporte de l'argent, il n'est pas embêtant, notre histoire a vécu mais nous avons su rester bons amis, c'est déjà beau, non ? Quant au petit André, je t'assure : il se porte comme un charme. Un rêveur, toujours plongé dans ses livres d'images – si tu ne le trouves pas, c'est qu'il est tombé dans une histoire.

Mon père lève une main, un serveur à tablier s'empresse.

– J'ai envie d'un dessert.

Il est rassuré, ou feint de l'être.

– Je vais bien, répété-je mécaniquement, balayant une miette imaginaire sur la nappe. Tu n'as pas à t'inquiéter.

Il hoche la tête, peu convaincu.

– Tu as perdu un enfant.

– Elle n'est pas perdue. (Je souris.) Elle est partout.

– Ma chérie...

Je saisis une cuillère. Serre un coin de table. Désigne un aquarium. Le ciel dehors. Surtout le ciel.

– Partout, dis-je encore, et nulle part. Je ne te le cacherai pas, papa, nos conversations sont rares : elle est avare d'apparitions, de *manifestations*. Mais rien de dramatique en soi. Je la sais. Je la sens.

Un serveur apporte sa crème brûlée. Mon père tente de s'y intéresser. À quoi bon aller plus loin ? pense-t-il sûrement.

Je ne lui parlerai pas de mes amants de passage, attentionnés mais falots, interchangeables, ni des crises de colère de mon impétueux mari, des assiettes brisées, des poings brandis sous mon nez, moins encore des récriminations incessantes de sa mère... ou de mon pauvre Augustin, que je suis allée chercher un matin au poste de police, parce que quoi ? Molesté dans un parc ? Tu files un mauvais coton, lui ai-je glissé ; l'imbécile avait lacéré puis brûlé une douzaine de ses toiles, il se disait perdu, damné, privé de recours, n'avait pas un sou en poche mais refusait farouchement mon aide. Fuite éperdue, fréquentations douteuses... Comment le tirer de l'ornière ? J'en fais désormais une affaire personnelle.

À ma sœur auprès de laquelle, pourtant, je m'ouvre peu de mes relations avec celui qui, au creux d'un rêve, m'est apparu sous les traits d'un pénitent aux larmes de sang, je finis par confesser que mes échecs en la matière me minent. Toujours raisonnable, mon affable Jeanne secoue la tête.

– Tu n'es pas sa mère, lâche-t-elle.

– Il ne s'agit pas de ça. Et tu as raison : j'ai déjà un fils. Mais c'est ainsi. Je me sens une sorte de… je ne sais pas… *devoir* envers lui ? Nous sommes nés le même jour, souviens-toi. Il a besoin de moi. Surtout, j'ai besoin qu'il ait besoin de moi. Notre rencontre ne doit rien au hasard.

– Ma pauvrette. Voilà que tes divagations te reprennent.

– Ce serai si simple, Jeanne-chérie : d'oublier que je ne pleure plus jamais, que je n'ai plus jamais peur de rien. Sais-tu ce qu'en dit ma fille ?

Ma sœur dépose un plateau sur la table.

– Tiens : je t'ai préparé un thé à la bergamote.

Quelques mois plus tard, à l'occasion d'une exposition internationale qui se tient à Tourcoing, Raymonde Delaroche « du théâtre des Mathurins » participe à une course de véhicules utilitaires organisée par Nord-Touriste et l'Automobile Club et, dans la foulée, se fend d'une brève apparition sur les planches pour une représentation exceptionnelle donnée en l'honneur des concurrents.

– Ça fait beaucoup pour une seule femme ! me glisse un adversaire au moment d'enfiler son casque.

Je lui souffle la fumée de ma cigarette au nez.

– Ça ferait trop pour un seul homme.

Assise, le soir même, à une table de journalistes, un certain Émile Lequenoy, brillante jeune plume du journal *L'Auto,* me tend sa carte de visite. Nous discutons de l'essor des concours automobiles, d'une parade prévue pour la fin de juin à la porte des Champs-Élysées (le roi du Cambodge, apparemment, fera une apparition) et, tiens donc ! de l'opportunité qui pourrait se présenter, pour un jeune homme plein d'allant, d'intégrer, en tant que pigiste, la rédaction du fameux quotidien sportif où Lequenoy semble s'épanouir.

– Nos colonnes sont toujours ouvertes aux jeunes talents, pérore le journaliste, qui sort un cigare pour accompagner son cognac. Passez donc, un de ces quatre !

Les effectifs de *L'Auto,* ajoute-t-il, ne cessent de croître ; je promets que je viendrai tantôt, et que je leur présenterai « quelqu'un ».

Une semaine plus tard, sous un ciel d'ardoise, j'attends Augustin à la sortie du Bateau-Lavoir. Coiffé d'un béret de vaurien, cigarette au coin du bec, mains enfoncées dans les poches d'un pantalon de toile, il affiche une mine sombre.

– On est dimanche : mon jour de repos, théoriquement. Qu'est-ce que tu fabriques ici ?

Je le prends par le bras, l'entraîne d'autorité.

– Pour commencer, pas dimanche, mais lundi. Ensuite, tu ne peins plus, ou mal. Tu bois trop, et très bien. Il faut que cela cesse. D'abord, un bon café serré !

Nous descendons vers Pigalle. Augustin jette sa cigarette sur la route.

– La patronne des causes perdues.

– Un bon café *très* serré, dis-je encore, et puis des vêtements neufs. J'ai un ami à te présenter.

Il s'arrête.

– Paul-Victor ?

Je l'entraîne derechef.

– Henri Desgrange.

Haussement d'épaules.

– Inconnu au bataillon.

– Le directeur de *L'Auto*.

– Je ne m'intéresse pas au sport.

– Tu ne t'intéresses à rien. Il va falloir que tu te forces un peu. Après un temps d'acclimatation, tu feras comme d'habitude : tu me diras merci.

Il me dévisage, incrédule.

– Qu'est-ce que tu racontes ?

– J'ai décidé de te reprendre en main. Tu as besoin d'une source de revenus stable. D'un équilibre. Aucune envie de te retrouver un beau matin avachi dans le caniveau, une balafre en travers de la gorge. La comédie a assez duré.

Offusqué, il se libère de moi et, d'un poing de petit gorille, se frappe la poitrine.

– La comédie ? Mais je souffre !

Je cligne des yeux, surveillant le ciel : il va pleuvoir, c'est écrit là-haut en lettres grises. Je rajuste mon chapeau.

– Tu souffres, je souffre, nous souffrons : tout le monde souffre. Tragi-comédie, si tu préfères. J'ai perdu une fille, et le monde s'est ouvert sous mes pieds. C'est la vie, et, parfois, la mort l'entrelarde. Il ne reste rien de nous ; pourtant, nous sommes là.

– Ta légèreté me sidère.

– Légèreté ? Mais c'est parce que je ne suis plus rien, Augustin ! Parce que j'ai perdu toute *densité,* toute importance ! Il faut se faire plus légère que le *fatum.*

Il me prend le bras.

– Tu as un fils.

– Oh oui, et je sais ce que tu penses, et je tiens beaucoup à te rassurer sur ce point : je l'aime. J'aime André, de toutes mes forces. Mais mes forces sont faibles. Mes forces ne m'aident de rien. J'aimerais pouvoir refermer mes ailes sur lui, seulement, il ne les sentirait pas.

– Tu m'effraies.

Je ris doucement, attrape sa main, lèche sa paume en le regardant droit dans les yeux. Il la retire, électrisé.

– Tant mieux. Tu sais ce que je ne supporte pas, Augustin ? La résignation. La complaisance.

– Quoi – je...

– J'ai discuté avec certains de tes, ahem, amis, au Bateau. Ce Picasso : il t'aime beaucoup. Mais il travaille, lui. D'arrache-pied. Il ne brûle rien. Il ne se vend pas pour moins qu'il n'est dans l'espoir qu'on lui passe un coup de brosse à reluire.

Augustin renifle avec dédain.

– Je ne serai pas journaliste sportif.

– Tu ne seras rien du tout, si on t'écoute. Je vais être plus claire : soit tu m'accompagnes aujourd'hui, soit nous cessons de nous voir.

Il secoue la tête. Déjà, ma robe soudain joyeuse frisant mes mollets, je descends vers Pigalle en rajustant mes gants.

– Tu n'es pas sérieuse ! crie Augustin.

Derrière mon épaule, je lui adresse un signe d'adieu.

Une semaine plus tard, il se présente au journal, rasé de frais, et sans sa veste rapiécée aux coudes ; naturellement, je l'accompagne. Henri Desgrange, à qui Lequenoy a parlé de moi, me fait d'emblée savoir qu'il me connaît, qu'il n'a reçu que de bons échos. Il se trouve que l'Auto-Redoute, la célébration à laquelle j'ai participé, a été organisée par son quotidien. Je suis résolument son genre de personnage, me fait-il savoir en remettant de l'ordre dans ses papiers, sur son grand bureau de bois clair, au troisième étage du 10 rue du Faubourg-Montmartre. Une femme qui n'a pas froid aux yeux. Il fait tourner un petit cycliste de plomb entre ses doigts.

– Et vous, jeune homme, vos sports de prédilection ? Vos idoles ?

Augustin rajuste sa cravate. Fort heureusement, je l'ai préparé à l'entretien : une liste de noms apprise par cœur.

– Idoles, idoles… Vaste sujet…

Il se lance crânement. Commence par Aucouturier et Trousselier, « sans surprise », le récent vainqueur du Tour de France. Enchaîne sur René Pottier, qui a franchi le col du ballon d'Alsace sans même descendre de son engin. Léon Théry, aussi, dit « le Chronomètre », double vainqueur de la course automobile Gordon Bennett. Enhardi, il évoque le Gallia Club, cette équipe de football parisienne qui, à la surprise générale, vient de déposséder le RC Roubaix de son titre national. Mieux vaut, en revanche, passer sous silence Albert Corey, ce déserteur qui s'est classé deuxième au marathon des derniers Jeux olympiques.

Desgrange se rencogne dans son fauteuil. Front plissé, il considère le nouveau venu avec méfiance.

– Et la boxe ?

Augustin opine, lâche quelques noms de champions français et de vieilles gloires américaines.

– James Jeffries ?

Le patron sort une feuille d'un tiroir et la lui tend.

– Voici notre grille tarifaire. Spéciale débutants, à prendre ou à laisser. Pour commencer, je vous envoie couvrir des meetings de province. Courses cyclistes, combats de boxe, les machins de dernière page, quoi. L'automobile, on verra plus tard, je ne vous cache pas que les places sont chères. Ce que j'attends de mes garçons tient en trois mots : rapidité, concision, exactitude. Au service de l'émotion, cela va sans dire. Vous me suivez ? Nos lecteurs veulent aimer, et trembler. Ils ont besoin de savoir que les champions dont nous parlons sont aussi des gens du peuple. Ma secrétaire va vous laisser deux-trois numéros du journal, ça fera le liant avec ceux que vous avez appris par cœur. Revenez lundi : je vous donnerai vos affiliations, et nous verrons si ça biche. Vendu ?

À demi levé, il tend une main par-dessus son bureau. Augustin la serre avec chaleur.

– Merci. Merci !

L'autre se rassied et montre la porte.

– À la semaine prochaine, donc. Madame Delaroche, puis-je vous parler un instant seul à seule ?

– Mais comment donc.

Ravi, quoique un poil inquiet, Augustin quitte le bureau à reculons, s'incline, referme précautionneusement derrière lui.

Le rédacteur en chef se renverse sur son fauteuil et croise ses mains derrière sa nuque.

– Il n'y entend pas un traître mot, n'est-ce pas ?

– Il ne demande qu'à bien faire.

– Je ne lui donne cette chance que par amitié pour vous. Essayez de lui faire comprendre que la patience ne figure pas au nombre de mes qualités cardinales.

– Ce sera transmis.

De nouveau, il empile ses dossiers.

– Et vous ? Vos projets ? L'automobile, toujours ?

Mon regard erre sur le décor : les rangées de classeurs de cuir dument étiquetées, les trois plantes grasses en pot, piteusement soignées, le basset ventripotent endormi dans un coin, qui n'a pas bougé une oreille.

– J'hésite.

– À quoi ?

– À me battre. J'ai horreur de me démener pour rien. Ne trouvez-vous pas déplorable que les représentantes du beau sexe soient si rarement prises au sérieux ?

– Ne forcez pas le trait. Le sport féminin réclame plus que jamais des ambassadrices de charme.

– Le charme, toujours. Et le force ? Le cran ?

Un mince sourire paraît.

– Vous intéressez-vous à l'aviation ?

– Je m'intéresse à tout.

– Secteur d'avenir, retenez ça. Risques majeurs égale spectacle maximal. Nous allons prêter notre concours à des séances de performances aériennes au cours des mois à venir. Vous devriez venir jeter un œil.

– J'en serais ravie.

– Je vous ferai signe, conclut l'homme en se levant. En attendant, prenez soin de vous.

À moi aussi, il tend la main. Je la serre fort, sans baisser les paupières.

– À très bientôt, monsieur.

1906

En ce jour d'octobre 1906, sur les terrains du parc de Bagatelle, une foule copieuse (quelque trois cents curieux, nous dira-t-on, dont une trentaine de journalistes) se presse derrière des barrières en bois pour assister à une démonstration d'Alberto Santos-Dumont, aviateur franco-brésilien dont les frasques, depuis plus de cinq ans, défrayent la chronique.

Rien de ce que la presse publie au sujet de cet escogriffe ne m'est étranger. Surtout pas ce jour d'été 1901 où le dirigeable qu'il pilotait, passant au large de la tour Eiffel, a heurté un immeuble du quai de Passy pour se retrouver suspendu entre ciel et terre à la hauteur du cinquième étage !

Santos-Dumont s'est spécialisé dans les aérostats, testant lui-même certains de ses prototypes : la *Baladeuse*, notamment, appareil monoplace équipé d'un moteur bicylindre de trois chevaux-vapeur, avec lequel il se pose régulièrement devant l'entrée de son immeuble, au 114 avenue des Champs-Élysées. On raconte qu'il a emmené un enfant dans les airs ; la nuit venue, équipé d'un projecteur, l'engin ronronnait en sentinelle au-dessus de Paris.

Aux commandes d'un aéroplane, désormais, Alberto entend frapper un grand coup. En 1904, chez Fasquelle, il a publié *Dans l'air*, un ouvrage que j'ai prélevé dans la bibliothèque d'un ami metteur en scène, et dévoré en une demi-nuit. Son avion est un étrange appareil : les ailes sont placées en avant du fuselage. Baptisé *14Bis* en référence au dirigeable portant le même numéro, et grâce auquel il a pu procéder aux premiers essais, le prototype a régulièrement été amélioré : aérodynamique, moteur, train d'atterrissage…

Dans ce même parc, déjà, quelques semaines plus tôt, Santos-Dumont a fait « sauter » son appareil d'une dizaine de mètres, au terme d'une longue course d'élan. Cette fois, il vise plus haut, plus loin : cette fois, il espère échapper pour de bon à la pesanteur.

Un épais manteau de nuages fait un couvercle à Paris. Les photographes se tiennent prêts, un murmure d'appréhension parcourt la foule. Emmitouflée dans un manteau de peau, je me tiens à l'écart. J'ai l'intuition que pourrait se jouer là un épisode fondamental…

Le moteur du *14Bis*, apporté démonté, a longuement chauffé. Soudain, l'aéroplane se lance et, après une course rectiligne, lève le nez, quitte la terre. Je ne respire plus : sur une soixantaine de mètres, à hauteur de maison, l'engin *s'envole*… avant de retomber brutalement sur la pelouse. Le public, extasié, se rue sur l'avion et, sans ménagement, tire le pilote de son habitacle pour le porter en triomphe. J'inspire un immense bol d'air. Je n'ai pas bougé d'un cil.

À la fin de l'année, je reprends le chemin du théâtre. On donne *La Savelli* de Max Maurey. Dans le rôle-titre ? Gabrielle-Charlotte Réju, dite Réjane, extravagante sommité qui, à l'aube de son cinquantième anniversaire, a divorcé de Paul Porel – le directeur de l'Odéon –, et racheté une salle de la rue Blanche, qu'elle a baptisée de son nom.

« Mme Réjane a confié le rôle de Rigolboche à Mlle Raymonde Delaroche, une jeune et fort jolie artiste qui s'y est fait déjà remarquer par plusieurs créations intéressantes et qui, si nous en croyons des bruits de coulisse, y apportera une interprétation d'une grâce particulièrement originale et paraîtra tout à fait charmante », écrit un journaliste du *Figaro*.

1907

Au début de l'année, de nouveau, je pose pour des photographes, vêtue d'un mantelet de taffetas vert décoré de médaillons Liberty. « Toilette de voile Ninon teinté, taille Directoire, ornée de piqûres irrégulières, de dentelles brodées et de pois de soie dégradés de tons et de grosseurs. » Une ceinture de gaze complète l'ensemble, agrémentée d'une boucle en simili-émeraude. Tendances du moment ? Chapeaux-cloches, fourrures piquées d'aigrettes, manches japonaises.

Avec André, je m'octroie des promenades au Jardin d'acclimatation.

– Tu aimerais faire du poney ?

Il ne répond pas. Il veut son père. Je lui lâche la main.

Aussi régulièrement que possible, je continue de déjeuner avec Augustin. Le garçon – miracle – est en passe de faire son trou à *L'Auto*. Il suit les concours hippiques, les démonstrations automobiles, les galas de banlieue, les combats de boxe de la salle Wagram. Il gagne correctement sa vie, certifie-t-il, il a cessé de courir après sa subsistance, et grâce à qui ? Il a deux amants, au surplus, deux hommes qui se connaissent et s'apprécient, même ! Le plus vieux, qui a l'âge de son père, occupe un poste à responsabilité au service publicité du journal. Je le trouve changé ; assagi.

Mon funambule habite toujours au Bateau-Lavoir, dont il est devenu l'un des plus anciens pensionnaires ; il continue de rêver et de peindre. Il m'a montré quatre de ses toiles, il y a peu, les plus abouties, selon lui : des scènes souterraines, comme toujours, grottes immenses encombrées d'une végétation touffue, où brûlent des soleils blancs. Aucune trace de présence humaine. *Les Magmatiques* : ainsi a-t-il baptisé ses créations.

– L'antre de la bête. Royaume secret. Là où le mauvais Augustin a pris naissance.

– Mauvais Augustin ? Qu'entends-tu par là, exactement ? lui demandé-je, assise sur son lit au cadre branlant, tandis qu'accroupi, il fait bouillir une casserole d'eau sur un chauffe-eau de fortune.

Il se redresse, se masse les hanches au seuil de son refuge, cerné de parfums tenaces, gouache et épices de piètre qualité.

– Je préfère ne pas en parler.

Je remets ses toiles en place. Certes, les efforts qu'il déploie pour échapper aux ténèbres qui le rongent ne m'ont pas échappé, mais j'augure des complications nouvelles. Des conflits demeurent irrésolus, des démons trépignent, bave aux lèvres. On peut prétendre les ignorer un temps. Et après ?

– Sortons, dis-je.

Soudain, j'ai l'impression de manquer d'air. L'atmosphère est lourde, dans les cales du bateau, engluée de fantômes et de désirs mort-nés. Augustin me suit, résigné. Je lui pose des questions indiscrètes, il répond du bout des lèvres. Dame, n'en sais-je pas assez ? Il y a deux personnages en lui, *nihil novi sub sole*, et il ne veut pas toucher au « sauvage », comme il l'appelle, parce que le « sauvage » est « celui qui me *conçoit*, qui me voit telle que je suis ».

Je secoue la tête. Nous perçons l'éblouissement bleu-froid d'un matin d'automne. Mettons le cap sur le boulevard Rochechouart. Que lui dire ? Qu'on ne gagne rien à se nier, à moins de le faire *entièrement* – de se défaire de soi-même avec méthode et acharnement ?

Dans un petit café de la rue Rodier, une fois n'est pas coutume, je lui parle de moi, de ma pièce, de mes photos, de ma vie coquette, cake-walk sous les ors et amours passagères. Nous commandons deux bocks.

– Je crois que je me suis fait une nouvelle amie. Mistinguett. La chanteuse. Tu vois de qui je parle ?

Il opine mollement. Montmartre chante les louanges de la belle.

– La valse chaloupée, c'est bien ça ? Le Moulin Rouge ?

J'acquiesce ; il trempe ses lèvres dans sa mousse.

– C'est un petit bout de femme drôle comme la vie, téméraire et gouailleuse : la vraie Parisienne d'adoption.

Je vis, encore. Mistinguett connaît des brasseries sensationnelles où danser et s'étourdir en attendant l'absolution de l'aube. Nous faisons la noce, je me perds obligeamment. Ma tête est ailleurs : je suis « dans les nuages », prétend Augustin sur un ton badin, mais je ne ris pas, cette fois, parce que c'est vrai.

Au sujet des avions, je ne lui parle de rien : ni des livres qui s'empilent ni des articles de *L'Auto* que je découpe avec minutie (meetings, exploits, apesanteur), avant de les glisser dans un grand album à couverture de cuir acheté à dessein. Dans le vacarme et la fumée des cabarets enfouis, il me questionne sur mes amants. Vous êtes bien indiscret, mon petit monsieur. Qu'ai-je à raconter ? Nous jouons. Les hommes et moi, nous jouons à un grand jeu. Je me régale de leurs promesses, de leur sérieux, de leur grandeur d'oiseau. Gémir pour qu'ils se sentent plus forts, pleurer pour qu'ils se sentent moins faibles. On me parle du gris de mes yeux, « un ciel d'hiver », on me dit perdue, on entend me protéger. Je ris, recroquevillée dans le nid de leurs bras. Leur moustache me chatouille, leurs mots m'ankylosent. Au matin, étonnés, ils me regardent me rhabiller, tapotent le matelas encore tiède, « Reviens ici, voyons ! Nous commencions à peine ». Mais rien n'a commencé. Rien n'a été pris ni donné. À peine si nous nous sommes frôlés, messires. Vous ne me connaissez pas. Me connais-je moi-même ?

À ce stade, je m'efforce encore de comprendre ce qui se joue en moi, où ces rêveries de vol qui, désormais, contaminent mes nuits, vont me mener. Deviens-je folle, moi aussi, ne serait-ce qu'à modeste altitude ?

Je n'ai jamais tenu les solidités de l'esprit en haute estime, et moins encore depuis que ma Raymonde s'en est allée. Aux robustes forteresses, je préfère les mirages des cimes. Je m'imagine, échappant à l'attraction terrestre, ombrant les toits et les clochers, mêlée aux nuées, laissant m'habiter une extrême pureté.

Aux premiers jours de l'automne 1907, j'entame une correspondance régulière avec Henri Farman, ex-*sportsman* de haut niveau qui, depuis peu, s'est tourné vers l'aviation. Son parcours m'inspire, il fait écho, lui écris-je, à mes propres aspirations. Farman a gagné ses premières courses cyclistes à dix-huit ans à peine, remportant le Paris-Clermont et le titre de champion de France de demi-fond sur 100 kilomètres. Il s'est ensuite tourné vers l'automobile : il a pris part au Paris-Madrid, et à la fameuse course Gordon Bennett. En 1905, lors des éliminatoires de cette dernière, sa voiture, en Auvergne, a fini dans un ravin ; les journalistes présents ont parlé d'un « miracle ». Mettant un terme à sa carrière « terrestre », Farman s'est alors tourné vers le monde des airs. Ouvertement, je me gausse de cette boulimie. « On jurerait, écris-je, que le danger vous aimante, que vous vous lancez non par esprit de bravade ou goût imbécile du défi mais, au contraire… » Une lettre de plus roulée en boule, abandonnée sur le parquet. La prochaine sera plus simple. Plus vraie.

Farman prend son temps mais me répond toujours. Il me connaît, bien sûr, il lit les journaux, « l'une des premières conductrices de Paris, chère intrépide ! », il m'a repérée dans les pages des magazines, il salue mon entrain, mon énergie, mon insatiable curiosité et, dans l'un de ses derniers courriers, peu avant Noël, me donne rendez-vous pour le Grand Prix d'aviation d'Issy-les-Moulineaux, une épreuve qui, depuis 1904, et malgré une dotation de 50 000 francs, attend toujours son vainqueur. Le pactole, m'explique mon correspondant, est censé revenir « au premier aviateur qui, après avoir coupé en plein vol une ligne de départ définie par deux poteaux distants de 50 mètres, irait virer après un troisième poteau placé à 500 et reviendrait couper, toujours en vol, cette même ligne de départ, sans avoir touché terre en cours de route ».

Un kilomètre entier, donc : une distance qui, il y a une paire d'années encore, paraissait tout à fait inaccessible mais que, ces jours-ci, mon nouvel ami pense à sa portée, lui qui, quelque temps plus tôt, a déjà parcouru la distance de 700 mètres.

1908

En avant, plus haut, plus fort ! Le 13 janvier, peu après dix heures, le moteur de son appareil rugit. Au cœur d'une petite assemblée de curieux, vêtue d'un manteau de fourrure, j'ai pris place, jumelles en main, pour suivre sa progression. Bientôt, l'aéroplane quitte le sol, franchit la ligne de départ, s'élève à une hauteur appréciable – au moins 5 mètres, estimé-je – et, tandis que le poteau de virage, déjà, apparaît au loin, entame avec sang-froid la périlleuse boucle. L'obstacle superbement contourné, il retourne alors vers la ligne de départ devenue ligne d'arrivée et, sans faiblir, la franchit quelques secondes plus tard, la dépassant, même, sous les hourras de l'assistance, avant de se poser une cinquantaine de mètres plus loin.

Tout de suite, un groupe joyeux d'officiels et de journalistes galope vers l'endroit où il a atterri. Maurice, son frère, est évidemment du nombre, qui grimpe sur l'appareil et l'étreint, les yeux brillants de larmes. J'ai remisé mes jumelles. À mon côté, un alerte plumitif, qui prend des notes dans un carnet de cuir rouge, évoque à voix haute le chiffre de 1 500 mètres, « peut-être 1 800, bon Dieu » ! Ayant mis pied à terre, Henri Farman, qui a ôté son casque, se laisse congratuler avec docilité. Puis, s'écartant d'un bond, il joint les mains en signe de gratitude et, sous les yeux de ses admirateurs estomaqués, fait volte-face, remonte à l'assaut de son appareil, met les gaz… et s'envole vers son hangar.

Impossible, ce jour-là, de le féliciter personnellement ; les flashs crépitent dans le vide, les reporters trop pressants sont écartés, aucune envie de jouer des coudes – bon, je lui adresserai un télégramme de félicitations le soir même. Pour autant, je ne quitte pas immédiatement les lieux. Il y a d'autres gens à voir. Ces deux membres de l'Aéro-Club de France, notamment, l'association française d'aviateurs qui organise les courses et homologue les records.

Un vague ami journaliste me présente Jules-Albert de Dion, membre d'origine dudit club, personnalité politique de premier plan et fondateur, surtout, de la société des automobiles De Dion-Bouton qui a, lui aussi, eu vent de mes exploits de conductrice.

– Ma chère, déclare-t-il en tirant de son étui en peau de crocodile une carte de visite frappée de lettres d'or, vous feriez pour notre marque une ambassadrice de premier plan. Songez-y !

– Parce que je suis une femme ? (Je regarde autour de moi, ingénue.) Sapristi, on dirait bien que je suis la seule ! Connaissez-vous l'origine de l'expression

« rouler à tombeau ouvert », monsieur ? Elle remonte au XVIIIe siècle. Je ne savais pas qu'on allait si vite alors.

Je m'évente avec sa carte ; il croise les bras avec humeur.

– Où désirez-vous en venir ?

– Je ne veux pas seulement rouler. Je veux voler : ce qui se passe quand on roule vite et que les lois de l'aérodynamique se plient à la volonté des penseurs.

– La technologie ne relève pas du miracle.

– Rien n'en relève en ce monde, dis-je, laissant tomber sa carte au fond de ma poche. Monsieur, je vous écrirai peut-être.

Je lui tourne le dos, le laissant à sa perplexité.

Plus tard, conversation instructive avec un ingénieur aéronautique des établissements Voisin, qui m'expose en grands détails la conception de l'*Henri Farman 1*, le biplan de l'exploit, avec ses deux ailes en métal superposées.

Les frères Gabriel et Charles Voisin, dont le nom court à présent sur toutes les lèvres, se trouvent à la tête de l'une des premières sociétés d'aéronautique françaises, créée en 1907 dans un atelier à Billancourt, au 34 quai du Point-du-Jour. Leur premier client, apprends-je, ne fut autre que Léon Delagrange, sculpteur de renom récemment tourné vers l'aviation, auquel ils ont livré un biplan de plus de 10 mètres de long (et 10 mètres d'envergure). Ce cador, me racontera deux jours plus tard Augustin, qui a assisté à l'évènement, a quelques mois plus tôt effectué un vol en ligne droite de 300 mètres, et c'est un appareil assez similaire, agrémenté de menues améliorations, qui a permis à Henri Farman, en ce jour, d'accomplir son exploit.

Une curiosité nouvelle me tenaille. Une curiosité aux dents de fer. Je n'attends pas longtemps avant de rendre une première visite auxdits frères. Je sais déjà d'eux l'essentiel. L'aîné, Gabriel, est sorti des Beaux-Arts de Lyon. D'abord engagé comme dessinateur, il a commencé à travailler en 1903 pour l'Irlandais Ernest Archdeacon, promoteur et mécène de l'industrie aéronautique – cofondateur, lui aussi, de l'Aéro-Club de France. De deux ans son cadet (il est né quelques semaines avant moi), Charles n'a pas tardé à le rejoindre aux ateliers.

Avec leur fine moustache, tous deux se ressemblent beaucoup. Esprits fantasques, humeurs changeantes.

Au cours de l'année, j'irai les voir une bonne quinzaine de fois. Invariablement, je gare ma voiture à deux pas, rajuste mon chapeau emplumé, hume l'air gris avec entrain et gagne l'immense entrepôt devant lequel, la plupart du temps, Charles me guette en tirant sur une cigarette.

C'est comme une histoire d'amour. Je déambule, remuée. Ailes, armatures, roues, squelettes : ces choses volantes attendent une chair, un cœur. D'une main souple, je suis les châssis, fais tourner un volant, jauge la solidité d'une toile. J'imagine des envols, entrevois un ciel peuplé à foison.

– Nous en rêvions depuis dix ans, commente Charles à mon côté, un jour qu'il me présente un nouveau prototype. Enfants, nous fabriquions des planeurs en carton, puis en bois léger. Nous grimpions dans un sapin et nous comptions les pas. Un record après l'autre.

– J'aurais aimé être là.

Mains dans les poches, il sourit.

– Nous auriez-vous été d'une aide particulière ?

– Pensez-vous, dis-je. Je n'entends rien aux avions de papier, ne monte jamais aux arbres et, de façon générale, me défie de toute audace. Je suis une femme. Tout ce que je sais faire, c'est crier, et frapper un tronc d'arbre de mes poings menus en gémissant. « Descends, Charles ! ou je vais le dire à maman. »

Il sourit.

– D'accord. Vous trouvez que je vous prends de trop haut.

– Disons que vous pourriez me hisser sans risque.

Il se passe une main sur le visage.

– Pardonnez-moi. La fatigue. Mais vous avez raison.

– Je suis très favorablement impressionnée, dis-je, me retournant sur moi-même. Oubliez mes petites ironies. Cette énergie que vous déployez…

Il se frotte la nuque.

– Inventer est une chose, convaincre en est une autre. Mon frère et moi sommes animés par une volonté un peu idiote : il en faut, pour abattre les barrières. Ce dont nous avons besoin, maintenant, c'est de pilotes.

Nous cheminons côte à côte, nous arrêtant devant chaque appareil. Charles est intarissable.

– En 1905, nous avons tracté un planeur sur la Seine entre le pont de Billancourt et celui de Sèvres par canot automobile. Mais il y a eu un raté. L'engin est retombé. Gabriel, qui se trouvait aux commandes, a manqué se noyer. « Je ne piloterai plus jamais. » C'est d'ordinaire ce que clament les pilotes, la première fois qu'ils croient mourir. Puis ils remontent en selle. Pas lui. (Il rit.) Ce déraisonnable appétit de vivre...

Je lui adresse un regard en coin.

– Vous êtes en train de m'expliquer que vous cherchez des gens pour mourir à votre place.

Il jette un coup d'œil par-dessus son épaule. Gabriel est en pleine discussion avec un trio d'ouvriers ; apparemment, le ton monte.

– Un troisième larron s'est joint à nous : Louis Blériot, inventeur et pilote, un ingénieur de l'École centrale qui a commencé à concevoir des phares à acétylène pour voitures à moteur. Nous avons travaillé ensemble pendant près d'un an et demi. Fortunes diverses, disons... Nous nous sommes séparés bons amis. Mais c'était éreintant, vous imaginez bien. Ça l'est toujours, notez. Gabriel et moi dormons peu et parfois habillés, sur des lits de copeaux. Nos nuits sont pailletées de sciure. Le jour venu, nous courons après l'argent, les subventions, voire les promesses. Nous ne sommes pas nés gestionnaires, il faut le reconnaître. Chaque appareil qui s'écrase, chaque moteur qui s'enraye est une encoche creusée dans le bâton de nos rêves. L'existence même de l'entreprise est constamment menacée.

– Mais les choses s'arrangent, non ?

Charles hausse les épaules.

– Léon Delagrange et Henri Farman nous ont beaucoup aidés ; ils nous ont commandé des appareils. Un moteur Antoinette, fabriqué par Levavasseur, 50 chevaux – puissance et légèreté. Nous étions, disons, raisonnablement confiants. Sauf que le paiement était suspendu à la réussite du vol. Nous aurions pu laisser Farman aller voir ailleurs.

– Il ne l'aurait pas fait.

– C'est vous qui le dites. Quoi qu'il en soit, nous sommes convenus de faire des essais. Nous n'en menions pas large et lui non plus, je crois – réglages innombrables, vérifications de dernière minute. Vous connaissez la suite. Henri Farman au firmament, etc. Notre jour de gloire ? Pas tant que ça. Ce matin-là, les journalistes nous ont ignorés. Henri leur a sonné les cloches et le lendemain, quand ils se sont présentés, mon frère les a flanqués dehors. Gabriel est ainsi : il a sa fierté. À présent, les commandes commencent enfin à affluer, le calme est revenu. Nous en avons besoin. Projets fous, esprit serein.

– Tu veux réellement voler ?

Lui et moi avons pris place sur un banc, dans le jardin du Luxembourg. C'est un dimanche d'automne 1908 ; le ciel est clair, ma fille est toujours morte, je lisse les pans de ma robe en soie verte et dentelle. Augustin est l'étonnement personnifié.

– Je n'ai rien décidé encore, dis-je. Mais j'en ai très envie. J'ai beaucoup discuté avec les frères Voisin : ils seraient prêts à me laisser essayer.

Il secoue la tête.

– Sais-tu seulement à quel point c'est dangereux ?

Je glisse sa main entre les miennes, la caresse.

– Ne prétends pas que tu le découvres. Le danger ? Que le danger se présente, et je lui ouvrirai volontiers ma porte ; nous prendrons le thé.

Sur la pelouse, un pigeon déplumé dérange un tas de gravier de son bec.

– Et Louis ?

– Quoi, Louis ?

– Que pense-t-il de cette lubie ? insiste Augustin, qui me scrute avec insistance.

Je gonfle mes poumons d'air.

– Louis ne m'est plus rien. Sinon un bon camarade de jeu.

– C'est le père de ton fils.

– Il faudrait le lui rappeler. Ses affaires l'occupent tant. Ses maîtresses itou – pauvre de lui. Mais tu as raison : il y a André, aussi.

– Quatre ans, n'est-ce pas.

– Cinq. Il sait lire.

– Mais tu serais prête à le priver d'une mère.

– Et quand bien même. Je m'en occupe si peu. Je sais ce que je vaux sur ce plan, hélas : pas grand-chose.

J'accueillerai toute récrimination de bonne grâce. Toute demande de destitution. J'ai été sotte.

– Sotte ?

– D'écarter les jambes. Un certain soir. Louis non plus ne savait pas ce qu'il faisait. L'enfant est né, d'une grande tristesse. Et puis ? Il nous revient d'assurer sa subsistance. Il *me* revient de l'aimer, bien entendu, d'inconditionnelle façon et à ma pauvre mesure. Je veillerai toujours sur mon fils, n'en doute pas. De près, de loin, en marmonnant des prières et des vœux. Mais je ne peux le protéger des rigueurs de ce monde. De ses hurlantes injustices. Je n'ai aucune intention de mourir, mon ami. Je dois faire ce que je dois faire, ce sera mieux pour moi et pour lui. Je sens comme un appel.

– C'est parfaitement déraisonnable.

Il retire sa main, s'écarte, boudeur. Tous deux, à présent, regardons droit devant nous. Un vieux jardinier balaye des feuilles mortes en sifflotant. Je flanque un coup de coude à mon voisin.

– Tu aimerais que je reste chez moi à attendre que le siècle passe. La vie. Ne t'agite pas, Élisa. Évite les vents et les vagues.

Augustin renifle avec humeur.

– Je n'ai jamais dit ça. Mais l'aviation… C'est sans avenir… Se hisser sur des kilomètres à la hauteur de… de quoi ? d'un arbre ? d'un immeuble ?

– De la tour Eiffel. Des montagnes. Des nuées.

– Oh, je t'en prie.

– Tu n'as pas vu ce que j'ai vu.

– J'ai parlé avec des confrères ; ils sont sceptiques, pour le moins.

– Nous sommes à l'aube d'une ère extraordinaire.

Il se passe une main dans les cheveux.

– Tu as entrepris de me sauver, Élisa. Tu as endossé cette responsabilité. En as-tu conscience ?

Je secoue la tête.

– Tu radotes.

– J'ai un travail, à présent. Je mets de l'ordre dans ma vie.

– Parfait.

Il se tourne vers moi, blafard.

– Et toi, tu vas… t'envoler ? Comme ça ?

Je me lève, arrange les pans de ma veste, lui tends ma paume ouverte.

– J'ai rendez-vous avec un photographe. Ton voyage n'est pas terminé, Augustin : sur ce point, nous sommes d'accord. Tu n'as pas trouvé la paix encore, et qui peut prétendre à une parfaite complétude, à un parfait détachement ? Mais sois sans crainte. Je ne te laisserai pas. Pas tant qu'un doute subsistera en moi.

Il se redresse à son tour, échevelé.

– Au nom du ciel, qu'est-ce que tu racontes ? Tu parles comme un ange démissionnaire. Un ange gardien seulement préoccupé de… de… (Il m'attrape par le revers.) Es-tu encore mon ange ?

– Assez. Assez de ces sornettes.

Les larmes lui montent aux yeux.

– Je ne supporterai pas de te perdre.

J'ai le sourire d'une mère. Toute ces choses que les mots ne disent pas.

– Fais-moi confiance, murmuré-je.

Je tourne les talons, et le bras qu'il tendait retombe sans vie. Il pourrait se lancer à ma poursuite, mendier des promesses, des explications, mais il sait que cela ne servirait de rien. Abattu donc, il se rassied. Une fois encore, fatigue incoercible et souffle coupé. Nos regards, un souvenir : à quoi d'autre se raccrocher ?

Quelques mois plus tard, au Châtelet, on donne une pièce inédite, *Les Aventures de Gavroche*, pour laquelle j'ai pu nous avoir deux places. À mon côté ? Toujours le même, droit comme un piquet.

À un moment, venu du fond du théâtre, un aéroplane, passant au-dessus de la ville, s'en vient atterrir sur le toit d'une maison où l'attend une jeune femme. Murmures, d'abord, puis exclamations nourries. Les spectateurs se lèvent, applaudissent. Cet avion, je l'ai reconnu à la première seconde : c'est celui de Wilbur Wright, l'oiseau blanc, fidèlement reproduit – le père de tous les aéroplanes. D'un bond inattendu, Augustin se lève, bouscule nos voisins et remonte l'allée, je n'ai d'autre choix que de lui courir après, « pardon, pardon ». Quand je déboule dans le hall, rouge, essoufflée, il n'est déjà plus là. Je le retrouve dehors, assis sur le trottoir, la tête entre les mains.

– Je ne peux pas, gémit-il. (Il lève sur moi ses grands yeux noyés.) Je ne peux pas te laisser repartir seule.

Je m'accroupis.

– Repartir ?

Il attrape ma main, la serre contre sa poitrine, regardant au loin.

– Reste ici.

– Ici où ?

– Sur Terre.

Une voiture passe, nous éclabousse au passage. Contre mon épaule, mon ami laisse tomber sa tête.

Qu'il aille regarder le soleil comme Icare

1909

Le 28 juin 1909, par jugement du tribunal civil de première instance de la Seine, le divorce tant attendu est enfin prononcé. Désorienté, Louis se gratte le front avec insistance ; il faut que son avocat lui presse le bras pour qu'il comprenne que la séance est levée. À l'entrée de la salle d'audience, où je l'attends, il me soulève le menton et me fixe d'un regard charbonneux.

– Nous faisons une énorme bêtise, non ?

– Non. Nous la défaisons.

Un gémissement d'enfant lui échappe. D'un coup, il fait volte-face, descend les marches au pas de course et disparaît.

Ma sœur m'attend à la maison, qui m'a préparé du thé. Elle pousse une assiette de biscuits vers moi.

– Tu t'en remettras.

Dans la famille, notre séparation n'a surpris personne. Louis passait le plus clair de son temps à l'étranger et, dans ses cartes postales envoyées d'Afrique, ne s'adressait plus qu'à André. « Comment vas-tu, mon petit père ? »

– Je le savais depuis le premier jour, avance Jeanne le soir même au dîner. N'est-ce pas, Clément, que je le savais ?

Son époux lève son verre dans ma direction.

– Si je puis me permettre, chère belle-sœur, c'est, à n'en pas douter, un mal pour un bien.

Ma Jeanne repousse son assiette.

– Mon pauvre petit André…

– André reste habiter chez sa grand-mère, dis-je, comme si cela réglait tout. Nous en avons parlé avec Louis. Il a son école, son quartier, ses camarades, je ne tiens pas à bouleverser sa vie. Plus tard, nous verrons.

– Papa est au courant ?

Je retiens un soupir.

– Je dois aller lui rendre visite tantôt. Je préfère lui annoncer la nouvelle de vive voix.

Clément, qui vient de vider son assiette de potage, hausse un sourcil.

– Et tes projets ? Jeanne m'a raconté que tu avais l'intention de prendre des cours de pilotage. N'est-ce pas un peu… eh bien, extravagant ?

Je me sers un verre de vin et lui adresse un regard aussi bienveillant que possible.

– Ça l'est : absolument. Vois-tu, mon beau Clément, j'ai patiné sur des couches de glace trop minces, j'ai monté un poney récalcitrant, j'ai fait de l'alpinisme dans les Alpes, de la bicyclette sur les Grands Boulevards, j'ai tiré la bécasse, j'ai enfourché une motocyclette, je conduis une voiture, mais tout cela, apparemment, ne me suffit pas. C'est, si tu préfères, une maladie ; de celles qui rendent heureuse.

– Et nous, elle nous rend inquiets, répond mon beau-frère. Le sport, je veux bien, même l'automobile ! car, certes, il faut vivre avec son temps. Mais là, tu avoueras que c'est quand même une drôle de tocade. Ces aviateurs auraient leur place à l'asile. Combien, déjà, se sont brisé les os ? Tu pourrais attendre quelques années, au moins. Que ces machines soient davantage au point.

Je repose mon verre.

– Je veux être la première.

– La première à quoi ? demande ma sœur.

– Vous verrez. Il reste du potage ?

Jeanne se lève pour me servir. Son visage est fermé, son regard fuyant, je sais ce qu'elle ressent : une triste et invincible angoisse, qui ne laisse plus de place au reste. Mais je sais aussi que jamais elle ne se mettra en travers de ma route. À quoi cela servirait-il ? Nous nous connaissons mieux que personne, et notre cœur a des élégances qui se passent de paroles.

Tout de même, je m'efforce de la réconforter, de lui donner des gages de raison. J'ai lu des livres, argué-je : en quantité. J'ai pris des avis aussi éclairés et variés que possible, j'ai rencontré des ingénieurs, des pilotes, des journalistes. Dans les usines, j'ai étudié avec minutie l'ensemble des appareils disponibles, n'épargnant aucune question à leurs concepteurs, et c'est en parfaite connaissance de cause que j'ai jeté mon dévolu sur un engin des frères Voisin.

Charles et Gabriel m'ont présenté Édouard Chateau, un ingénieur chargé de former les nouveaux pilotes. L'homme tient ses quartiers à Mourmelon, dans la Marne, au camp militaire de Châlons – un complexe inauguré par Napoléon III en 1857, équipé de vastes hangars, que plusieurs constructeurs se partagent. J'ai prévu de me rendre là-bas dès septembre pour des séances intensives.

Déjà, j'ai rassemblé des renseignements sur les hôtels, et pris des dispositions avec ma belle-mère pour l'emploi du temps d'André qui, six mois plus tôt, a fêté son sixième anniversaire, et va entrer à l'école élémentaire.

Au mois d'août, j'emmène mon garçon dans les Alpes, chez son grand-père. Deux semaines d'enchantement plein, à pagayer sur des rivières aux plis d'argent, à arpenter des vallons débordant de fleurs, à escalader des pentes arides soumises au soleil-roi. André est ravi. Je lui montre des chamois, lui apprends à attraper des papillons au filet (nous les relâchons aussitôt) et m'assieds avec lui dans l'herbe, un grand album ouvert sur les genoux, pour identifier chaque sommet.

Les nuits sont douces et claires ; quand la lune se cache derrière les monts, une mer d'étoiles apparaît.

– Fais un vœu ! lui soufflé-je lors du dernier soir, alors que nous venons d'en voir filer une, comme un trait d'union entre « maintenant » et « toujours ».

L'enfant lève vers moi son visage empreint de gravité.
– Ça ne sert à rien.

Chaque matin, retrouvant mon père pour le petit déjeuner, je parcours les pages sport du journal de la veille consacrées à la Grande Semaine d'aviation de la Champagne, qui se tient du 22 au 29 août sur la commune de Bétheny, près de Reims. Cette première a attiré une foule considérable ; des dizaines de trains supplémentaires ont été affrétées. Dans les loges réservées aux personnalités, les journalistes ont repéré maints invités de prestige.

– « Le président Armand Fallières, lis-je à voix haute, venu avec son épouse Jeanne, Aristide Briand, le président du Conseil, le prince Albert Ier de Belgique, Teddy Roosevelt, le président américain sortant, accompagné de sa nièce Eleanor… »

– Mazette. Et si un de leurs coucous s'écrase dans les tribunes ?

– « Des cabines téléphoniques ont spécialement été installées pour les reporters, d'où ils dictent leurs dépêches. » Ce doit être un sacré capharnaüm, non ? « Bars, restaurants, stands d'animation… Les organisateurs ont vu les choses en grand afin de répondre à la curiosité des quelque deux cent mille spectateurs attendus pour la semaine. »

– Deux cent mille ? Tu as dû mal lire.

– « Attirée par des prix abondamment dotés, la fine fleur de l'aviation mondiale a répondu présent :

“Mondiale”, c’est-à-dire française, en grande majorité. Vingt-trois pilotes, neuf types d’appareil, mais seulement deux concurrents anglo-saxons : Glenn Curtiss l’Américain et George Cockburn l’Anglais (les frères Wright, eux, ont dédaigné l’appel ; il se dit que leurs appareils sont désormais dépassés). Les vedettes du moment, incontestablement, sont de chez nous : Louis Blériot, Hubert Latham, Henri Farman, etc. » Je les connais tous. Papa, tu m’écoutes ?

– Je ne fais que ça.

– « Les appareils, dont les photographies s’étalent en pleine page, se divisent en deux catégories : les biplans à hélice propulsive, comme les Voisin et les Wright ; et les monoplans à hélice tractrice, comme les Blériot et les Antoinette. »

Avec allégresse, tandis que mon père remplit mon pot de café, je commente les comptes-rendus, parle fuselages et moteurs V8 ou à sept cylindres, châssis, ressorts hélicoïdaux, gouverne de queue.

– Il paraît qu’il fait moche, lâche le pater familias au troisième matin, époussetant une brigade de miettes sur son gilet.

Ce n’est pas une surprise : lui aussi considère d’un œil plus que méfiant l’intérêt que je porte aux « fous volants », et c’est avec la plus grande (et la plus gentille) fermeté qu’il désapprouve mes aspirations en la matière.

– Oui, réponds-je en repliant mon journal, il a beaucoup plu le premier jour, avec des vents inhabituels mais maintenant, ça va mieux, mon petit papa.

Je jette un œil à mon fils, occupé à jouer dans le jardin avec Contact, le berger allemand que mon père vient de récupérer chez des voisins, et qu'il a l'intention de me confier (« aucune envie de m'embarrasser d'un chien »). Puis je reviens à mon journal. On a l'air de savamment s'amuser, à Reims : si voler sous des vents contraires et tenter de manier des engins de bois et de ferraille à peine équilibrés au risque de s'écraser au sol peut passer pour un amusement véritable.

Aucun favori ne se détache encore. Les appareils sont trop neufs et les pilotes trop inexpérimentés (certains ont procédé à leurs premiers décollages quelques semaines auparavant) pour que la possibilité d'une catastrophe puisse être décemment écartée. Glenn Curtiss lui-même l'a reconnu devant un journaliste : « Je ne suis pas habitué à ce qu'un pilote ressent quand sa machine chute brusquement. »

Il serait heureux, songé-je ce matin-là, qu'aucun accident sérieux ne se produise. Je sens le regard de mon père sur moi. D'une certaine façon, il n'attend que cela : pour bien me montrer à moi, sa fille, que mes projets tiennent de la folie.

Personne ne meurt à Reims. Oh, comme j'aurais aimé y être ! non pas aux côtés des ministres, députés et autres généraux, mais dans les tribunes, coudoyant les élégantes, agitant mon fanion, moi aussi ! Latham s'est élevé à 155 mètres de hauteur, les aéroplanes français ont dominé les débats, on campait, paraît-il, on s'étendait dans les hautes herbes pour mieux voir – robes déployées, chapeaux emportés par le vent. Cris d'effroi, par ailleurs inévitables : le 29 août, le *Type XII* de Blériot prend feu dans les airs et s'écrase dans le champ. Des officiels affolés s'empressent mais, déjà, le héros indemne s'extirpe de la carcasse.

Pas moins de cent vingt vols au cours de la semaine, les trois quarts sur des distances excédant les 5 kilomètres. « Les machines volantes ne sont plus des jouets ou des rêves, déclare David Loyd George aux journalistes. Elles sont maintenant un fait établi. »

Le concours de la plus grande distance est remporté par Henri Farman qui, trois heures durant, et jusqu'à épuisement du réservoir, file sur 180 kilomètres, plongeant les spectateurs dans un état d'enthousiasme indescriptible. James Gordon Bennett, lui, rafle le prix des 30 kilomètres les plus rapides, et Curtiss, longtemps au coude-à-coude avec Blériot, signe la meilleure pointe de vitesse, à 75 kilomètres à l'heure. « Quand je suis passé au-dessus du "cimetière", où tant d'autres appareils s'étaient auparavant écrasés, j'ai senti l'air sous l'avion s'évanouir… »

J'arrive à Mourmelon en septembre. Je ne suis pas seule, loin de là ; de nombreux pilotes ont convergé pour parfaire leur pratique. Je connais la plupart d'entre eux, ne serait-ce que de nom, et eux aussi ont entendu parler de moi. Les frères Voisin sont ravis d'accueillir une femme en leur cénacle. Cette coquetterie, pensent-ils, attirera notablement l'attention. D'autant que je ne suis pas là pour faire tapisserie : j'apprends, et vite. Au sol, dans le poste de pilote, un ingénieur me parle carburateur et magnéto, m'écoute avec attention faire l'inventaire des appareils de contrôle – compte-tours, altimètres, indicateurs d'essence et de vitesse –, me questionne sur le réservoir et la vitesse ascensionnelle, me réexplique pour la dixième fois le fonctionnement du barographe...

– Je crois que vous êtes prête, décrète-t-il un matin en me prenant en photo devant l'un des appareils.

– Dites-moi seulement ce que j'ignore.

Le 19 octobre, le comte de Lambert survole Paris à bord d'un Wright racé, décrivant un ample cercle au-dessus de la tour Eiffel... avant de revenir se poser à Juvisy. La foule, percluse d'angoisse, explose de joie à son approche. On a cru, un temps, ne jamais le revoir.

Mon premier vol a lieu trois jours plus tard, sur près de 300 mètres. Quand les roues quittent le sol, je ferme les yeux. Le vent, la liberté ! Le biplan Voisin, celui que j'ai moi-même choisi, ne s'élève pourtant que de 2 ou 3 mètres, et retombe rapidement (secousse brutale : cramponnée à mon volant, je serre les dents, encaisse le choc), mais en cette brève griserie, déjà, j'ai la sensation qu'une grâce m'a été offerte.

Je remonte à bord dès le lendemain, vêtue d'une longue robe de laine, coiffée d'un béret assorti et, cette fois, je vole beaucoup plus longtemps : deux tours complets du champ, soit presque 6 kilomètres. Les journalistes, intrigués, commencent à s'approcher, et je me plie de bonne grâce au jeu des interviews. Par une facétie impromptue, quasi improvisée, je me fais désormais appeler « baronne ».

Augustin lui-même vient me rendre visite au début de novembre, un jour de grisaille ; les liens qui nous unissent ne sont évidemment pas un secret, et sa rédaction, sans le lui commander expressément, espère de lui un portrait « intime », « sortant des sentiers battus ». Il ne l'écrit pas. Une distance nouvelle s'est installée entre nous ; il n'a toujours pas digéré ma décision. Sans relâche, il m'exhorte à revenir à la photographie, à la mode, au théâtre.

– Paris se languit de toi. (Avec dédain, il lorgne mes bottes crottées. La pluie tombe fort, je n'essaie même pas de m'en protéger.) À quoi ça rime, tout ça ?

Du regard, il balaye le terrain boueux. Il est malheureux.

– Veux-tu que je te montre l'appareil ?

– Plus tard, peut-être.

Quelques semaines plus tôt, Edmond Poillot, l'un de ses confrères de *L'Auto,* s'est fendu à mon endroit d'un papier plutôt enthousiaste, *Les Oiseaux artificiels*. Il parlait de moi comme de la « première femme aviatrice », louant ma maestria et mettant en garde les concurrents qui, à l'avenir, seraient amenés à m'affronter en meetings. Augustin, qui a lu l'article, ne peut s'empêcher de railler.

– Une « performance merveilleuse » ?

– Pour cela, je ne saurais dire, rétorqué-je, mais « merveilleux », oui, le moment l'était. Sans équivoque.

Mon ami renverse la tête, bouche ouverte. Les gouttes d'une pluie d'automne imbibent la terre déjà molle.

– Il dit que tu es la première femme à avoir volé. Factuellement erroné. Thérèse Peltier a été la passagère de Léon Delagrange avant de monter en solitaire, il y a plus d'un an.

– Je sais, dis-je en lui prenant le bras.

– Alors pourquoi n'as-tu rien dit ?

Je le conduis vers le hangar où mon biplan a été garé.

– Il ne m'a pas fait relire l'article. J'ignorais qu'il l'ignorait. Contre qui es-tu en colère, au juste ?

Il s'arrête, très grave.

– Tout le monde. Personne. Privé de ta présence, je me sens seul à Paris. Plus que je ne l'ai jamais été. Tu veux monter sans moi.

– Monter ?

– Au ciel. Le bon ange rappelé à Dieu.

Je prends son visage entre mes mains et le regarde dans le blanc des yeux.

– À quel jeu alambiqué jouez-vous donc, monsieur Berthomier ? Je suis là. Il n'y a pas d'ange qui tienne. Je ne te quitte jamais des yeux. Tu n'as qu'un mot à dire, et tu le sais très bien.

Il déglutit. Il pleut de plus en plus fort. Je le relâche ; nous hâtons le pas pour nous mettre à l'abri.

À quel jeu jouez-vous ? Du diable s'il le sait, pauvre petit esquif ! Pendant ces quelques mois, il a tenté de mener une existence impitoyablement rangée. Il a quitté le Bateau-Lavoir, loué un studio non loin de Pigalle, mis sa vie amoureuse sous l'éteignoir. Il a remisé ses pinceaux, confié ses toiles à Vollard (qui, sans lui faire miroiter des espoirs déraisonnables, a promis de le contacter si un acheteur se manifestait). Il a écrit des articles sur des courses hippiques, couvert des galas de grandes villes, rendu compte d'une poignée d'expositions mondaines. Ses crises de narcolepsie n'ont pas disparu mais elles lui semblent moins sévères. Surtout, il a appris à les dompter. Dans les locaux de *L'Auto*, un chef de rubrique lui a indiqué un débarras au sous-sol, équipé d'un lit de camp. Parfois, il trouve le moyen d'y descendre. Quand il n'en a pas le temps, des confrères le calent dans son fauteuil, coinçant des coussins contre ses flancs pour qu'il ne bascule pas. C'est sa vie : une existence contrainte, sous contrôle, hors des sauvages libertés d'antan. Mais les ombres anciennes n'ont pas disparu. Au détour d'une conversation, l'ami d'un ami lui a appris la probable disparition de Paul-Victor, « dans les montagnes du Tibet », sans avoir la moindre idée du lien qui les unissait. Paul-Victor, mauvais génie de sa prime jeunesse... Atroce hasard, insensé ! Augustin a pressé l'éberlué de questions et, en définitive, a compris que ce dernier ne savait rien ou presque. Une chute malheureuse au bas d'un escarpement. Le cadavre a été enterré là-bas, paraît-il, mais où ? « Mon vieux, tu en fais, une tête ! »

« Baronne de Laroche » est désormais mon appellation officielle. Je l'ai voulu, je l'ai cherché – cette noblesse de pacotille me plaît autant qu'elle me divertit.

Je suis mes entraînements avec assiduité, ne rentrant à Paris que quelques jours par mois pour voir mon fils ou dîner avec des amis. Il semblerait qu'une véritable fièvre de l'aviation se soit emparé des esprits audacieux ; je ne suis jamais seule au camp de Châlons. Édouard Chateau l'ingénieur, ami des Voisin, mène la danse, accomplissant des sorties de plus en plus poussées : à la fin de novembre, il a fait voler son appareil pendant une cinquantaine de minutes ! D'autres pionniers s'élancent. Ainsi, notamment, fais-je la connaissance d'Étienne Bunau-Varilla, un intrépide d'à peine vingt ans, fils bien né à qui son père, pour le récompenser d'avoir décroché son baccalauréat, a offert rien moins qu'un biplan Voisin. Après quelques leçons auprès de l'école éponyme, le jeune aventurier a filé à Reims en août – maudit chanceux ! – où il a remporté le prix des mécaniciens. Un garçon inventif et plein de bravoure, mon Étienne, en ébullition perpétuelle. Ma compagnie lui plaît, je crois. Le dimanche, nous partons tous deux à Châlons pour déguster des croissants frais sur la place de l'hôtel de ville. Nous épluchons les journaux. Étienne a un don pour la raillerie, la pantomime, les outrages badins. Un moulin à paroles, fourmillant d'embellissements et d'anecdotes, pour qui la petite société des pilotes français n'a plus guère de secrets. Triturant une moustache en guidon imaginaire, il pérore, cabotine, dresse l'inventaire des troupes. Édouard Nieuport, pour commencer, corsaire débonnaire, champion cycliste (« qui ne l'est pas ? ») et inventeur à ses heures, qui, avec son frère, a fondé la Nieuport-Duplex, une entreprise fabriquant des magnétos, des bougies et des accumulateurs. Un Don Juan impénitent, notre Édouard ! Gros fumeur de cigares, sacré coup de fourchette. André Bellot, ensuite, diplômé en droit, un taiseux au regard d'aigle, et son compère Charles Nungesser, qui, très jeune, a parcouru l'Amérique du Sud – le pauvre bougre a aussi tenté de monter une affaire de construction d'aéroplanes en compagnie de deux Allemands avant que l'un d'eux file avec la caisse... Qui d'autre ? Mac Ardle, Anglais ambitieux et revêche, toujours coiffé d'un bonnet de laine, aux commandes d'un Blériot. « Lui, je m'en méfierais. » Et puis Hubert Latham, sacrée vedette, béret en biais et fume-cigarette au bec, qui a tenté deux fois de traverser la Manche, et s'est viandé doublement en mer (laissant Louis Blériot, tiens, signer à sa place l'exploit en trente-deux minutes), Hubert Latham qui, le 14 novembre, au terme d'une percée spectaculaire de près de quarante minutes à bord d'un avion deux places de la société Antoinette, m'emmènera avec lui pour un nouveau survol des plaines environnantes (le lendemain, sous la houlette d'Édouard Chateau, j'accomplirai seule plusieurs tours de l'aérodrome).

1910

– Paraît que tu vises le brevet ?

– Tu es bien renseigné.

Le brevet : celui de l'Aéro-Club de France. À compter du 1er janvier 1910, il faut, pour l'obtenir, boucler trois circuits sans toucher terre, 5 kilomètres au minimum, avec atterrissage entre chaque parcours et arrêt complet du moteur.

Au 1er décembre, Étienne est à mon côté lorsque je signe mon engagement avec l'Office d'aviation, contrat d'exclusivité assorti d'une clause pénale m'assurant des revenus de 1 000 francs par mois, plus une participation sur les prix obtenus... contre un simple engagement à voler, dans tous les concours et meetings auxquels je voudrai bien participer, sous les couleurs dudit office.

– Champagne ! clame mon compère, renversant la moitié de sa flûte sur ma robe.

J'offre le reste à la terre, et cours vers le terrain.

– Le meeting de *quoi* ?

Devant sa table du *Café de la Paix*, à deux pas de l'Opéra, Augustin a reposé sa soucoupe. Assise en face de lui, tenant ma tasse de thé entre mes deux mains, je tente une moue enjôleuse. En cette fin de novembre, je suis revenue à Paris pour quelques jours, et la première chose que j'ai faite a été d'envoyer un télégramme à mon ami.

– Héliopolis. En Égypte. Ce n'est pas loin du Caire.

– J'imagine qu'il n'y a rien que des palmiers et des mamelouks, là-bas.

– Les vestiges archéologiques abondent, en tout cas : époustouflants, à ce que l'on raconte. Et le baron Empain a construit une véritable cité en miniature : 25 kilomètres carrés de terrain pour ses amis européens.

– Européens pauvres, je présume.

– Il y a un golf, si c'est ce que tu veux savoir. Une ligne de chemin de fer dédiée, aussi, et un stade, un parc d'amusement, un hippodrome, quelques hôtels de luxe. Son Excellence se trouvait à Reims, à la fin du mois d'août : c'est là que l'idée a germé d'organiser un évènement similaire en Égypte.

– Et il t'a invitée.

– Disons que les frères Voisin m'en ont touché un mot. L'Aéro-Club de France fait partie des sponsors, c'est un évènement essentiellement français. Il y a de nombreux prix à gagner, et toute la presse sera présente. Ton rédacteur en chef ne devrait pas tarder à t'en causer.

L'inscription au meeting d'Héliopolis, en théorie, n'est ouverte qu'aux pilotes diplômés. Des arrangements sont toutefois prévus, qui me permettront d'être remboursée de mes frais en temps et en heure. Dès le 1er janvier 1910, ayant pris possession d'un nouvel appareil, je m'emploie à passer les premières épreuves au plus vite. « Mon appareil, écris-je à Augustin comme si l'accumulation de détails techniques pouvait suffire à le rassurer, est composé d'une cellule centrale à deux plans superposés de 10,20 m d'envergure sur 2 mètres de longueur antéro-postérieure.

» Je t'ai joint un schéma à l'échelle. Tu noteras que les plans, distants verticalement de 1,50 m, sont reliés par un corps fuselé de 4,50 m de long et de section quadrangulaire à une cellule arrière de 6 mètres d'envergure sur 2 mètres de longueur, dans le sens de la marche, munie d'un empennage stabilisateur spécial. » (Oh, la barbe ! songe Augustin en repliant la lettre en quatre et en la lâchant dans sa corbeille avant, pris de remords, de la rouvrir.) Le gouvernail vertical se trouve au centre de la cellule arrière, bla, bla, bla, moteur Gnome 50 HP, diamètre de l'hélice : 2,10 m, 500 kilos en poids total monté...

» Tu n'imagines pas, mon cher, le plaisir que l'on éprouve à hisser cette créature parmi les suaves éthers, à la sentir glisser, portée par les vents, tel un gigantesque oiseau issu d'un monde inconnu et éminemment mécanique. Que suis-je, pour ce volatile ? Son cerveau, son âme, peut-être ? Ou, plus simplement, l'ébahie-en-chef, la personnalisation de l'effarement ravi qu'éprouverait tout un chacun en s'élevant, par la magie de la science, bien au-dessus de la terre ferme... »

Augustin ne répond ni à cette lettre, ni aux deux suivantes, datées du 2 et du 3 janvier, dans lesquelles je lui fais part de mes progrès constants.

Le 4 janvier 1910, un mardi, j'oublie sur la table de ma chambre l'enveloppe renfermant le mot que je lui ai écrit : présage.

À quinze heures trente, par un vent très faible, j'entame un premier tour de piste, filant à 4 ou 5 mètres au-dessus du sol ; mais, à l'abord du deuxième tour, à pleine vitesse et surprise par un trou d'air, je négocie mal mon virage et, n'ayant pas réussi à reprendre de l'altitude, pars m'écraser dans la rangée de peupliers qui bordent la route. Deux témoins arrivent en courant, un commandant et un civil. L'appareil gît, en partie disloqué ; j'ai été éjectée, j'essaie de me redresser, je retombe. On m'emporte, gémissante, d'abord au hangar des Voisin, où un médecin m'ausculte (« ses jours ne sont pas en danger », commente-t-il sobrement en repliant son stéthoscope) puis à l'*Hôtel de l'Europe*, à Mourmelon, où des soins plus poussés me sont prodigués. Charles Voisin, qui se trouvait sur place, me tient la main dans la voiture qui m'emmène.

Devant l'*Hôtel de l'Europe*, la voiture s'arrête. Avec mille égards, et malgré mes protestations, on me soulève, on me conduit dans une chambre, on m'allonge. Un second médecin a été prévenu, un ancien ponte de l'hôpital de Reims qui reste longuement avec moi et m'examine sous toutes les coutures. Dans un coin de la pièce, Charles se tord les mains. Le médecin referme sa sacoche, il m'a administré un fortifiant. Je n'ai jamais perdu conscience, fait-il observer, c'est bon signe.

Il tapote l'épaule de mon garde-malade.

– Quelques douleurs internes, rien de trop préoccupant. La clavicule est touchée, je recommande du repos. Je vais demander à une infirmière de s'occuper du bandage.

Le lendemain matin, Charles encore, venu s'enquérir de mon état, me trouve redressée entre deux oreillers rebondis. La fenêtre de la chambre est ouverte, des bourrasques soulèvent les rideaux en fantômes. Torse bandé, vêtue d'une chemise de nuit, je me passe une couverture de laine sur les épaules. Incrédule, fâché, qui sait ? mon visiteur referme les battants.

– Vous voulez attraper la mort ?

– Le docteur affirme que je pourrai repiloter dans dix jours.

Le constructeur tire une chaise et s'installe à mon chevet. Entre ses mains, le journal du jour roulé en tube, dont il se tapote la cuisse avec nervosité.

– Vous l'avez échappé belle.

Grimaçante, je porte une main à ma clavicule.

– Je ne comprends pas. On aurait dit que le volant refusait de m'obéir. Ah, péché de vanité ! J'aurais commis une erreur d'appréciation, voilà tout.

– Sans doute.

– Qu'est-ce qui ne va pas, Charles ?

Il me tend le journal.

– Je vous ai apporté *Le* XIXe *siècle*. On parle de vous. Mais pas seulement, hélas. Allez voir en page 8.

J'ouvre le quotidien, le feuillette lentement. Dehors, une corneille croasse avec fureur. Je relève la tête.

– Oh...

Sans sommation, c'est la mort de l'ami Delagrange qui est annoncée. Léon s'est tué en avion, près de Bordeaux. Il pilotait un monoplan Blériot. D'après les premiers éléments, le malheureux, après trois tours impeccables, a viré contre un vent violent. L'aile gauche s'est brisée, la droite a suivi, l'appareil a chuté d'une douzaine de mètres, et lui est resté encastré à l'intérieur. Les secours ont retourné l'épave, mais il n'y avait plus rien à faire : trois côtes enfoncées, une fracture à la base du crâne... Hélas ! il est mort sur le coup.

– Et c'est arrivé hier..., murmuré-je. Au moment même où... où...

Une main plaquée sur ma bouche, je rejette le journal au loin. Charles me rend mon regard.

– J'ai essayé d'en savoir plus, explique-t-il, l'article est assez incomplet. Un remous, un moteur trop lourd, un problème de vitesse...

– À quoi bon ?

– Apparemment, poursuit le constructeur comme si je n'avais rien dit, l'hélice tournait toujours quand l'appareil s'est écrasé. Blériot pense que des modifications trop hardies ont été apportées à son avion. L'entretoise a été supprimée, qui maintient l'écartement des ailes...

Je ferme les yeux. Une pensée me traverse.

– Augustin doit être dévoré d'inquiétude.

– Qui ?

Je secoue la tête.

– Un ami. Ou un peu plus. Qui travaille à *L'Auto*. Est-ce que des télégrammes sont arrivés pour moi ?

Charles rapproche sa chaise, effleure mon front du dos de sa main.

– Des gens ont écrit, oui. Je vais vous apporter ça. Mais vous devez vous reposer, c'est essentiel. Vous vous agitez trop.

Je le contemple avec tendresse.

– N'y songez pas.

– À quoi ?

– À me demander de ne plus voler. Je n'ai commis aucune imprudence. Je n'ai pas touché à mon avion, je n'ai pas poussé les gaz. Ce pauvre Delagrange ne voit plus, ne pense plus, n'a plus rien à dire. Mais moi, je suis toujours là.

Il m'aide à me recoucher.

– Le jeu auquel nous jouons n'est pas sans danger. Il y a le vent, les pannes inopinées, les avaries imprévues : le hasard à l'œuvre, maniant ses instruments cruels.

Je lui souris.

– Le hasard est mon roi, Charles. Je m'en remets à ses bontés.

– Je présume que vous voulez toujours aller à Héliopolis ?

– Plus que jamais.

Il se redresse. Indécis. Perturbé.

– Je sais pertinemment que je ne vous ferai pas changer d'avis. Et cependant, poursuit-il en me fixant avec intensité, je ne puis m'empêcher de me demander si nous ne sommes pas devenus fous. Delagrange n'est pas le premier à nous quitter, nous pouvons être sûrs qu'il ne sera pas le dernier. Blériot prétend que les morts pavent la route vers une science plus belle, un idéal plus aimé, comment dit-il, déjà ? « La rançon qu'arrache la fatalité au triomphant génie de l'homme » ? Mais je ne l'aime pas trop, moi, cette fatalité, quand elle me ravit des amis ou des frères, quand elle lève sa faux en aveugle...

Je cligne des yeux.

– Est-ce donc tout ce que je suis, pour vous ? Une amie ?

Charles se frotte la mâchoire.

– Mon Dieu, Élisa : il y aurait tant à répondre. Sur ce qui s'est produit en moi depuis ce jour où vous avez franchi le seuil de notre hangar. Nous en reparlerons, si vous le souhaitez : si vous vous pensez prête à entendre ce que j'ai à vous dire. En attendant, essayez de dormir.

Je tapote la place à mon côté.

– Dormir ? Vous êtes si drôle. Venez par ici, monsieur Voisin.

Il s'assied, bizarrement emprunté. J'agrippe sa cravate courte, tire sa bouche vers la mienne, happe sa langue. Il ferme les yeux.

– Je ne sais pas...

– Bon sang, soldat. Embrassez-moi *vraiment*, pas du bout des lèvres.

Je lui mange la bouche, ouvre sa chemise – sous sa poitrine, le battement d'un tambour se fait entendre, « mais votre clavicule ? », murmure-t-il, « faites-y bien attention », dis-je, et nous basculons, entremêlés, ses mains fermées sur ma chair, ses doigts, mes lèvres, nos haleines, et la nuit s'occupe de tout.

Bien vite, je reprends le chemin des terrains d'essai. Le vent glacé de janvier souffle dans les ramures ; on attend qu'il aille voir ailleurs.

Augustin est arrivé le dimanche. Il est venu me chercher à mon hôtel, et nous sommes allés à la messe. Après un déjeuner au restaurant, nous sommes partis nous promener dans la campagne. Mon ami me raconte les funérailles de Léon Delagrange à Orléans, qu'il est allé couvrir.

– Ces morts. À quoi riment-elles ? N'est-ce qu'ainsi que l'on peut apostropher les cimes ? En se hissant sur les épaules des sacrifiés qui –

– J'ai compris.

À présent, nous cheminons côte à côte au bord d'une rivière ; des flocons de neige fondus s'égarent sous un ciel sévère. Étienne est parti skier ; loin des yeux...

– Tu ne viendras pas en Égypte avec moi, n'est-ce pas ?

Augustin s'arrête.

– Je voudrais que tu réfléchisses, Élisa. Peux-tu au moins me promettre de réfléchir ?

Je lui serre le bras. Il porte un long pardessus de laine noire et le chapeau melon un peu trop petit dont il a coiffé son crâne lui donne des airs d'expert-comptable, ou de croque-mort, ce qui revient approximativement au même.

– Tu ne veux pas que je réfléchisse : tu veux que je pense comme toi, c'est différent. Tu veux que je te promette que je ne volerai plus. Tu m'agaces, avec tes histoires d'ange et d'ailes brûlées. J'aime me voir dans tes yeux quand ton regard est clair, et c'est ma vie, Augustin. Une vie, on n'en change pas.

Je lève les yeux. Au loin, un vol éparpillé de passereaux. Nous nous remettons en route.

– Tu parles d'un destin ! lâche le jeune homme. Passer son existence à la fuir...

J'attrape son bras, il se débat mollement, et puis ne se débat plus.

– Fadaises. J'ai toujours été présente à ce que je faisais. J'aime voler, c'est ainsi. J'aime survoler les choses. Le calme, l'éternité. Jouer la comédie ? Au vrai, je ne suis pas sûre d'avoir montré des aptitudes si convaincantes en la matière. Modèle pour ces messieurs, c'est distrayant, mais ça n'a qu'un temps. Avant peu, ma beauté commencera de s'étioler, des rides apparaîtront au coin de mes yeux et de ma bouche, je serai une dame et non plus une jolie demoiselle. Il faut savoir s'effacer, Augustin. Laisser sa place, poursuivre son chemin. Le mien passe par les airs. Viens en Égypte ; ça te changera les idées.

Il secoue la tête.

– Tu sais très bien que je ne peux pas !

Il a des affaires à régler à Paris, prétend-il, il a « des gens à voir », etc. En outre, comment pourrait-il s'offrir un voyage en bateau ? Je lui pince la joue ; c'est une plaisanterie, n'est-ce pas ? Car si ce n'est que cela, évidemment, je prendrai ses frais en charge. J'ai des économies, et les courses sont généreusement dotées : 282 000 francs en tout, plus un appareil signé Blériot.

– Comme celui qui s'est écrasé ?

Une pichenette est tout ce que ce chameau mérite. De toute façon, j'ai déjà validé mon inscription. Je fais partie de la douzaine de pilotes attendus : cinq sur monoplan, les autres sur biplan.

Le meeting, qui doit durer une semaine, commence le 6 février. Les participants sont tenus de se présenter sur place le 1er. « Raymonde de Laroche, notent les journaux, est la seule femme engagée. » À mes côtés, des noms prestigieux – Hubert Latham, notamment, sur Antoinette, et Henri Rougier, sur Voisin. D'autres participants sont moins connus du grand public : Frederik van Riemsdijk, par exemple, un jeune Hollandais qui a fait l'acquisition d'un Curtiss (une copie du modèle vainqueur à Reims quelques mois plus tôt) et l'a équipé d'un moteur allégé à quatre cylindres. Hayden Sands, un Américain, fait aussi partie du nombre, mais son nom n'apparaît pas sur les listes.

Charles m'explique que c'est parce qu'il ne possède pas de licence.

– Curieux, commenté-je, occupée à boucler mes bagages. Moi non plus, je n'en ai pas.

– Il se trouve, madame la baronne, que j'ai fait le nécessaire.

Léger comme une brise, il s'est glissé derrière moi, et le voilà qui m'attrape par la taille. Nous ne nous quittons plus, ces derniers temps. Nos pieds nus claquent sur le parquet, et les nuits d'hiver gagnent en chaleur – des draps chiffonnés disent nos étreintes.

Pour autant, je ne tiens pas à ce que l'idylle soit dévoilée au grand jour, pas maintenant.

– Il y a un temps pour tout, répété-je.

Et lui de secouer la tête.

– Je veux un temps pour *nous*.

Le 13 janvier, le *Portugal*, fleuron de la Compagnie des messageries maritimes, est le premier paquebot à quitter Marseille pour Alexandrie avec, à son bord, aviateurs et mécaniciens. De mon côté, j'embarque une semaine plus tard, à bord de l'*Équateur*. Le temps de serrer André contre mon cœur, je suis repassée à Paris. J'ai laissé des instructions à ma belle-mère puis, à Montparnasse, j'ai, comme il se doit, dîné avec Augustin, lequel, le nez dans son assiette, n'a pas desserré les dents de tout le repas, sauf pour m'apprendre qu'il avait eu des « nouvelles » de Paul-Victor (les confidences du cousin d'une connaissance, lors d'un dîner spectaculairement arrosé) qui, « tiens-toi bien », ne serait pas mort au Tibet, mais dans les montagnes de l'Atlas, dévoré par… un lion ? et dont le corps a été retrouvé par des moines au fond d'un ravin. Je l'ai dévisagé avec commisération.

– Tu devrais…

– Je devrais ?

– En finir avec cette obsession.

– Et c'est toi qui dis ça.

– Où en sont tes vraies amours ?

– Oh, par pitié.

Il sait, il me l'a dit souvent, que je ne suis pas une femme que l'on peut blesser ou mettre en colère. Jamais il ne m'a vue pleurer, supplier, jamais entendu hausser la voix. Mais ce soir-là, on dirait que mon calme, ma mansuétude, mon regard même lui sont brusquement devenus insupportables. À demi-mot – des mots féroces, pleins de morgue –, il me fait comprendre qu'il a renoué avec ses démons d'antan, et que c'est parfaitement ma faute. Ses nuits sont redevenues blanches, convulsives. Il se perd en des étreintes destructrices, s'abandonne à des « passions délétères » – un roman écrit par un homme en fièvre. Je lui dis que je vais m'occuper de lui, j'effleure sa mousse au chocolat du bout de ma cuillère, et lui, ricanant, plus amer que féroce :

– Si tu reviens.

Il aimerait susciter chez moi des remords, tout au moins de la crainte, une manière de pitié maternante ; il s'en veut, et il m'en veut de s'en vouloir. Je l'ai toujours trop bien compris. Je lui embrasse le front, ce soir-là, pars sans m'en retourner sur le boulevard, le laissant poings serrés au bord du trottoir, vibrant d'une rage impuissante.

– Comment peux-tu…, crache-t-il.

Il voudrait courir, me ceinturer, se jeter à mes pieds. Je vole, de plus en plus haut. Lui reste cloué au sol.

Le surlendemain, à Marseille, me voici partageant un lunch avec Hubert Latham, Jacques Balsan, le comte Charles de Lambert et Henri Rougier. « Mme Delaroche avant le départ, en plaisante compagnie », écrira un journaliste de *L'Auto*. On me questionne sur mon enfance. Par quel improbable truchement me suis-je donc intéressée à l'aviation ? J'offre à ces messieurs les réponses qu'ils veulent entendre, qu'ils me suggèrent déjà. Je suis une tête brûlée : une aventurière. Je vais leur montrer. Les bouteilles s'accumulent. Au vrai, pourquoi ? Pourquoi le ciel, pourquoi l'appel ?

– Tu ne pleures jamais, me répétait ma sœur au début de janvier. Tu ne juges personne. Tu pars lancée comme une bille sur une table. Mais une table, ça donne dans le vide. Tu me fais peur encore, ma sœur. Je t'aime mais tu me fais peur.

Je n'ai pas ri. J'ai pris son visage entre mes mains et j'ai déposé un baiser sur le bout de son nez ; j'embrasse quand je ne sais plus quoi faire, et cela m'arrive souvent, ces temps-ci. Il y a cette chose en moi, nouvelle. Cette vibration qui me lie en secret au monde, ce détachement. Je ne crains pas la mort car elle est déjà en moi.

– Vous ne terminez pas votre gigot ? me demande Balsan en s'essuyant la bouche d'un coin de serviette.

Autour de nous : le tumulte, le fracas des verres, les rires en cascade. J'avais promis à Charles de lui écrire chaque jour, et j'ai déjà failli. Le garçon de café ne me quitte pas du regard – un garçon filiforme à la bouche molle et aux yeux fous. Si je voulais...

Je veux souvent. Relève la tête, ma fille. Prends ce que l'on t'offre. Ris-toi des misères de ce monde. En cet instant, avec insistance, un pied remonte lentement contre ma cheville. Qui donc ?

Soudain, la porte s'ouvre, comme à la guerre, « il faut y aller ! », le comte de Lambert lève un doigt sentencieux, « pas si vite, mes petits amis », dehors, pourtant, une sirène ulule...

– Bon Dieu de merde ! s'exclame Latham en claquant fort son verre sur la table. Est-on jamais tranquille, ici ?

On se lève, on repousse les chaises, on jette sur le comptoir des poignées de billets froissés. Une fois dehors, les hommes se flanquent de grandes tapes dans le dos. Ah, l'hiver à Marseille ! Rougier ôte son béret et salue la Bonne Mère, dont le piédestal surplombe la ville.

– Encore un peu de picrate ? Ce serait dommage de gâcher.

Gentiment éméché, Latham me tend un verre à moitié plein. Je l'accepte avec une révérence et, dès qu'il a le dos tourné, le vide dans les plantes. Puis nous partons au galop.

Les bagages ont déjà été montés à bord. Un officier compassé nous accueille avec un panier à gourmandises. Chacun rejoint sa cabine en tanguant. Ces messieurs, j'imagine, s'affalent et ronflotent. L'un d'eux m'attend. Nous verrons plus tard. Je défais ma malle et sors de sous mes linges un roman d'André Gide, offert par mon beau-frère. Un souper est servi à sept heures ; je ne m'y rends pas. Inutile de me faire porter pâle : personne ne m'attend, les hommes restent entre eux, leurs rires résonnent sur les passerelles. Je tourne les pages. *La Porte étroite* est l'histoire d'une jeune femme qui refuse le bonheur et n'aspire qu'à la sainteté – qu'à un complet départ.

– Cela devrait te plaire, m'a glissé Clément.

Pourquoi donc ? Parce que cette femme a le regard perdu de ceux qui voient ailleurs, plus loin, plus haut ? Alissa refuse l'amour de Jérôme, la Terre n'est pas assez vaste pour elle.

Je referme le livre, me sers un verre d'eau, bois en me regardant dans la glace. Quelqu'un me dévisage, de l'autre côté. Quelqu'un que je ne suis pas sûre de connaître.

À mes pieds, ma robe tombe comme une corolle. La fatigue m'enlace comme une vieille amie, me jette en travers du lit, me souffle sa nuit au visage.

Sur le pont du paquebot, plus tard, je sors, emmitouflée, pour flairer le vent marin et mirer les étoiles. Un archiduc m'invite dans sa cabine. Il a un accent du

Nord, une bouteille de brandy et des manières d'autrefois. De ses mains, Son Excellence s'ouvre le chemin de mes cuisses. Mes doigts, dans ses cheveux gris, batifolent. Ne vous gênez pas, dis-je. Venez.

À Paris, depuis plusieurs jours, il pleut sans discontinuer, et la Seine, qui a envahi le tunnel en achèvement du boulevard Saint-Germain avant de jaillir place du Havre, a des appétits de Léviathan. Son niveau n'en finit plus de monter ; avant peu, on passera les avenues à la rame et la ville deviendra une carte postale d'Armageddon. J'en rêve aux aurores, entortillée dans mes draps trempés ; nage, les yeux grands ouverts, sous l'onde bleu-gris, survolant les ruines de ce qui a été. Puis remonte, et trouve Raymonde, assise dans une barque. Raymonde, sublimement grandie, promenant sur le passé un regard d'un blanc laiteux – ô, mon pauvre cœur à jamais broyé !

Verre de blanc sec au restaurant du soir. Assis en face de moi, Rougier noircit les pages d'un carnet de notes. Un jeune chronométreur m'a prise en amitié. Il s'appelle Gontran Duprieux, il sait tout sur tout, m'explique, me raconte, tapote le programme. Une chanteuse d'opéra italienne doit monter sur le troisième paquebot, m'apprend-il : celui du 27 janvier. Pour ? L'agrément des troupes, paraît-il. Autour de la dame, papillonnant, tout un aréopage de commissaires sportifs et d'administrateurs, d'officiels dûment cravatés.

– Plus tard on les verra, ceux-là...

On nous sert des cordiaux. Des inspecteurs passent parmi les tables pour recueillir les doléances. Certains pilotes demandent des comptes. Il y a un problème avec des avions chargés à bord, m'explique Gontran, des caisses ont été mal arrimées, il va y avoir du grabuge.

Il ne se trompe pas : à notre arrivée au Caire, Latham entre dans une colère noire. Il bouscule les manutentionnaires, attrape un officier par le revers. Ses trois Antoinette ont été endommagés, irrémédiablement peut-être pour l'un d'entre eux.

– Vous vous rendez compte, bande de crétins ? Un six cylindres flambant neuf !

Ce soleil... Un ciel clair, pas un souffle de vent, partout l'Esprit, l'Histoire ! L'aérodrome s'étend aux portes du désert : 5 kilomètres de long, 3 de large, parfait en sa simplicité. La piste de lancement est prête, ratissée au centimètre.

Premier contact : tribunes noires de monde, on parle de quarante mille spectateurs, j'ai l'impression d'assister à des jeux antiques. Où est César ? Où se cache Cléopâtre ? Des clameurs montent dans l'air tiède, des fanfares rutilantes passent en uniformes, armées de cors et de trompettes. Le soir venu, des trains bondés continuent de déverser leurs flots de voyageurs. Au cœur de la nuit, par-delà les dunes, on les entend ululer encore.

– Madame la baronne ? Madame, par ici, s'il vous plaît !

De tous côtés, je tourne la tête. Des photographes me suivent, une foule affamée se presse, bruissant de rumeurs, j'entends qu'on crie mon nom. « La première femme des airs », écrivent les journaux : la fille cachée d'Ève et d'Icare.

Pour l'un de ses premiers vols d'essai, Adam Mortimer Singer, le fils du célèbre fondateur des machines à coudre, aux commandes d'un Farman, s'écrase le 1er février, d'une hauteur de 35 mètres, après un virage mal négocié. La veille déjà, il avait connu quelques difficultés, brisant une hélice lors de son atterrissage. Son appareil peut-il être mis en cause ? En attendant, victime d'une fracture du bras droit, il est hors jeu.

Dès le petit matin, nous voilà à pied d'œuvre. Les portes des hangars ont été tirées en grand. Des officiels prennent des mesures : nos appareils sont équipés de baromètres enregistreurs et autres indicateurs soigneusement contrôlés. On codifie, on notifie : l'extase des airs réduite à des séries de chiffres abscons. On attend de nous des performances, des records. Je suis, messieurs, votre humble dévouée.

Au début de l'après-midi, Balsan et Rougier sont les premiers à s'élancer. Le dernier nommé, qui fait monter son appareil à 115 mètres, remporte tous les prix du jour. Gobron, Grade et Van Riemsdijk réalisent également des prouesses. Gobron l'a échappé belle : à cause d'une fuite de carburant, son appareil prend feu en plein vol, le panache de fumée qui le suivait fait comme une traîne à son échassier ! Il arrive à se poser et à s'extirper à temps. Abbas II, le khédive d'Égypte, qui assiste aux festivités, vient en personne le féliciter pour son panache. Le soir venu, nous sommes conviés à une réception sous les estampes du somptueux *Palace Hôtel* du baron Empain. Je discute avec des journalistes, des techniciens aussi, et de riches financiers qui ont l'air de me trouver tout à fait distrayante. J'ai du mal à dissimuler mon ennui. À un moment, croisant mon regard, Latham m'emmène sur la terrasse.

– Assommants, ces pantins, pas vrai ? Mais vous voyez ça ? (Il se compose un sourire idiot, pointe un index dessus.) C'est mon masque de soirée. Je vous conseille de vous en confectionner un vous aussi, et sans attendre.

Un Égyptien en costume traditionnel nous présente un plateau de confiseries au miel. Latham en rafle la moitié. De l'autre côté de la baie vitrée, un vieil homme en costume trois-pièces lui fais de grands signes.

– Un petit instant, souffle-t-il en me tapotant l'épaule, je reviens tout de suite.

Évidemment, je ne le reverrai plus.

Le lundi, aucun vol avant quatre heures : à cause du vent, mesuré à 10 mètres par seconde. La foule gronde. Un orchestre italien vient mettre un peu d'animation. Balsan s'illustre en premier encore. L'Allemand Hans

Grade, sur monoplan, fait forte impression, remportant le prix de distance et de vitesse. Rougier, sur Voisin, culmine à 219 mètres : record du jour !

Charles me manque comme manque une habitude. « Occupé ailleurs », m'a-t-il expliqué. Son frère est dans les parages. Nous avons (je crois, il me semble) conclu un pacte. Nous sommes promis de ne point nous blesser. Il batifole, je m'oublie. Il ne se vante pas, je reste coite. Comme promis à l'origine, je lui écris une lettre chaque soir : regorgeant de records rêvés, de digressions techniques et d'allusions grivoises parfaitement déplacées. Parfois, me relisant aux lueurs de l'aube, je me tance telle une écervelée, fais brûler la feuille dans une coupelle en étain. Mes désirs se racornissent. N'est-ce pas mieux ainsi ? J'ouvre la fenêtre pour les confier au vent.

Mardi : tempête de sable. Les spectateurs trépignent. Balsan vole pour la galerie, son Blériot est un jouet entre les mains d'un enfant-dieu aux haleines de feu. Pour finir, l'enfant se lasse et jette sa babiole dans le sable. Je ne sais par quel miracle notre homme en réchappe.

Le mercredi est plus clément. Du soleil, une brise légère… J'ai le loisir d'effectuer quatre tours avec les dunes pour décor. Balsan, Latham, Rougier et Métrot, eux, tournoient quasi en même temps. Privilèges du sexe fort. On m'offre des citronnades, des fleurs arrivent, le mot attendrissant d'un savant célèbre à la retraite. Incognito, je passe un temps dans les tribunes. Accident sans gravité pour Hauvette-Michelin, dont l'appareil s'abîme au pied des hangars. Duray, apparemment, bat un record du monde de vitesse, mais je manque son triomphe. Installée sur la terrasse d'un entrepreneur cairote, dont la carte de visite évoquait « le plaisir d'une conversation soutenue », je me laisse aimablement gamahucher sous les feux du crépuscule.

– Ma petite aventurière…, souffle le musculeux entre deux séances intimes.

Je ris aux étoiles. Le malentendu est là. Héros, pionniers, explorateurs… Je ne veux pas, moi, marquer l'histoire : je veux aller haut, et plus haut encore, rejoindre dans les nuées le calme divin qui coule dans mes veines, en saisir l'intime essence. Je ne crois pas en Dieu, mais il y a quelque chose, au-dessus des nuages, lorsque le vacarme du moteur et de l'hélice se tait : quelque chose d'éternel qui se passe de raison.

Le 10 février, triomphe tranquille : je deviens la première femme au monde à obtenir mon brevet de pilote. Le vent est irrégulier, nous volons peu mais correctement, je serre bien plus de mains d'hommes que je ne pourrais m'en souvenir.

Les prix se refusent à moi mais nous ne sommes plus, aujourd'hui, que dix pilotes, et la fierté d'en faire partie vaut toutes les récompenses. Latham, Balsan et

Rougier multiplient les exploits, leurs noms sont sur toutes les lèvres. Les soirées, étincelantes, s'achèvent en âpres libations. Nos rires résonnent sous la voûte. Plus tard : encens, vin noir, chairs pressées et bouches quémandeuses. J'écris ; d'autres lettres d'amour à Charles se consument encore.

Le 11 février, Le Blon bat le record des 5 kilomètres. De Paris, de redoutables nouvelles nous parviennent. La décrue, dit-on, prendra des semaines. J'ai rêvé d'Augustin, l'autre nuit. Le Bateau-Lavoir se détachait de Montmartre et voguait, olympien, s'éloignait de Pigalle. Nous jouions aux dames, je crois, sous une lune innocente, et je lui parlais du désert, d'un mariage impossible. À un moment, il me serrait contre sa poitrine et ses larmes avaient un goût sucré, c'est tout.

La fête se termine. Ce même vendredi, René Métrot prend une demoiselle à son bord – Solange Parenty, me glisse un haut-gradé.

– C'est supposé vous dire quelque chose, ma chère : hier, vous avez bu du champagne avec elle jusqu'à deux heures !

Le vent du sud se lève, et plus personne ne vole jusqu'au milieu de l'après-midi. Le Blon se lance dans une série de quatre tours, et abat d'autres records. Victime d'un souci de moteur, Latham flanque un coup de poing dans un mur : il a enfilé un gant avant. Enfin, il parvient à décoller, mais son appareil retombe et se brise une aile.

Rougier atteint une altitude de 255 mètres, la plus haute du meeting. Des journalistes prennent l'épopée en notes : la vitesse qui n'est, comme chacun sait, qu'une distance divisée par un temps. Comment coupe-t-on un kilomètre en tranche ? Peut-on se servir d'une heure comme d'une lame ? Dans ma chambre, par la fenêtre ouverte, la brise tourne seule les pages du journal du jour avant de s'en retourner, pleine de fous-rires.

Charles me manque. Le poids de ce qu'il est, ses mains hésitantes, et cette chaleur qui n'appartient qu'à lui. Je me console comme je le dois.

Le 12 février, personne ne vole, des djinns hirsutes se fâchent en dévalant les dunes – sur l'horizon, font monter des tourbillons dorés.

Pour le dimanche de clôture, un peuple fortuné se presse, entonne des chants patriotes. Toute la haute société du Caire est de sortie. Hélas ! Les vents sont toujours aussi rudes, et les appareils demeurent rivés au sol.

Latham tente une échappée... et s'écrase encore, après un vol de 13 kilomètres.

– Mon cher indestructible, le consolé-je en lui tendant un thé brûlant.

Il lâche un glaviot dans le sable.

– Indestructible, mon cul !

Balsan bat le record du 5 kilomètres, qui sort joyeux de son appareil en improvisant un genre de polka.

Rougier, lui, monte à 116 mètres. Des journalistes me suivent jusqu'à mon hôtel. J'étais, je suis, je serai toujours « la première femme ». Vos pensées du jour, mademoiselle ?

– Si vous voulez mon sentiment, me confie, ce soir-là, un journaliste de *L'Auto*, sur le plan sportif, ce n'était pas faramineux. Les records n'ont rien de spectaculaire, Rougier a fait son travail, pas plus, et on en attendait davantage de Latham. Mais les gens d'ici sont ravis. Songez ! Nombre d'entre eux n'avaient jamais vu un avion voler. Quant à vous, c'est une autre histoire. Ce que votre présence suscite en pareilles circonstances, ça n'a pas de prix.

– Je n'ai rien gagné, rétorqué-je.

– Hormis le respect de ces gens.

– Mon seul titre de gloire est-il d'être une femme ?

Il sirote son porto, et poursuit à voix basse.

– Il paraît que vous avez l'intention de vous attaquer à un record de distance sans escale.

– Qui vous a raconté ça ?

Au prix de la totalisation des distances, je me classe huitième sur dix. Vingt kilomètres : pas un de moins.

L'heure est venue de plier bagage. Rougier et Métrot repartent avec 50 000 francs chacun. Pour ma part, et grâce à ma sixième place au prix du baron Empain, j'en ai empoché 1 000. Côté écuries, Voisin et Blériot se sont partagé la plus grande partie des récompenses.

Gabriel est ravi. Au petit déjeuner, il vient me trouver à ma table, sur la terrasse, face au désert. Il commande un thé noir et attrape le journal, qu'il fait semblant de lire.

– La réponse est « oui », finis-je par lâcher.

Il lève un sourcil.

– Je vous demande pardon ?

– Moi et votre frère.

Interrompant sa lecture, il plisse légèrement les yeux.

– Ce ne sont pas mes affaires.

– Mais vous préférez savoir.

– Pour être franc, les relations entre Charles et moi se sont quelque peu refroidies, ces derniers temps. Il vit sa vie, je mène la mienne. Trop de vent, ici, vous ne trouvez pas ?

Je ferme les yeux. Le ciel est limpide comme la toile d'un peintre sans âme. Le long de l'avenue, les palmiers ploient sous le zéphyr. Gabriel trempe une cuillère dans un pot de miel et la suçote. Je me lève, pose une main sur son épaule.

– À bientôt, mon cher.

On me remet mon brevet de pilote : le numéro 36. Sur la photographie, vêtue d'un pull-over blanc à col roulé, je fixe l'objectif d'un air morose. Une frange épaisse me mange le front. Une semaine plus tard, je suis de retour à Mourmelon pour reprendre l'entraînement. Les arbres bourgeonnent. Le 28 mars, en ouverture de *L'Auto*, un poème paraît, signé d'un certain Jendouzy.

Voici venir pour nous charmer
– Que c'est loin la femme-cocher –
À vol d'oiseau la femme-oiselle,
Qui s'en vient sur biplan Voisin
Effleurer les fleurs des jardins,
Comme une agile demoiselle.

Dans la chambre d'hôtel, occupée, devant mon miroir, à mettre la touche finale à mon maquillage de soirée, je regarde Charles, torse nu, s'avancer dans mon dos, et nouer ses bras autour de mes hanches. Je me retourne, dépose un baiser sur ses lèvres.

– Ma femme-oiseau, murmure-t-il. Jamais je ne permettrai que l'on te mette en cage.

Je l'écarte gentiment, souligne mon œil droit d'un trait de crayon noir.

– Je vais m'inscrire au meeting de Saint-Pétersbourg.

– Bien évidemment.

– Mille francs d'engagement. Que je n'ai pas.

– Nous te les avancerons.

– Qui est « nous » ? Comment va ton frère, Charles ?

Il fait craquer ses doigts, et part ouvrir la fenêtre.

– Ne te préoccupe pas de ces histoires.

Le meeting de Saint-Pétersbourg doit se tenir du 8 au 15 mai. Dans la presse, les noms des premiers engagés commencent à filtrer. Je n'en connais pas la moitié. Qui sont ces hommes qui, du jour au lendemain, se découvrent une passion irrépressible pour la conquête des airs ? Charles Voisin est le premier à poser la question. Son frère croule sous les demandes et les sollicitations : « on » veut visiter les hangars ; « on » tient à découvrir le dernier modèle séance tenante ; « on » n'a jamais volé encore, mais « on » commence déjà à discuter les prix et les conditions d'engagement.

– Les gens deviennent fous, peste-t-il, allongé sur mon lit, fumant sans passion. Ils doivent penser que c'est un jeu. La vérité, c'est que nos progrès se paient en vies humaines. Ton ami a raison. Un jour, il faudra que tu arrêtes.

Je m'approche, pose le bout de mon index sur son nez.

– Très drôle.

À Saint-Pétersbourg, je serai, je crois, la seule à voler sur Voisin. À mes côtés : un Blériot, un Farman, une Antoinette… et le modèle Wright, dont on a noté l'absence à Héliopolis, et qui fait son grand retour.

En attendant, je me suis engagée pour la semaine d'aviation de Touraine, qui doit se tenir du 30 avril au 5 mai. Édouard Chateau l'ingénieur, qui compte au nombre des participants, a choisi de voler sur biplan Zodiac. Est-il fâché avec les Voisin ? « Seize participants », écris-je à Augustin. « Et, une fois de plus, je serai le seul spécimen du beau sexe. Métrot répondra présent, je ne sais pas si je dois battre des mains (le fait est qu'il devrait encore tout rafler), et Antelme, et Champel, et Allard se sont inscrits aussi, tu l'auras compris : l'écurie Voisin sera avantageusement représentée. »

Comme toujours, je feins de croire que ces considérations l'intéressent. Le fait est que ma boîte à lettres reste vide.

Dès le 30 avril, les tribunes tourangelles sont pleines. Frisson de la découverte… Maints spectateurs n'ont jamais vu un aéroplane voler et certains, parmi les plus âgés, doutent même qu'un tel prodige soit possible.

Hélas ! des vents violents contrarient le programme. Sur Farman, l'Écossais Bertram Dickson boucle tout de même huit tours de piste, 16 kilomètres en moins de dix-huit minutes. Je ne vole, moi, que le lendemain ; chacune de mes apparitions est saluée par des transports d'enthousiasme. « Cette femme-là est décidément à part », a décrété un éditorialiste dans le journal local de la veille. « Simple, souriante, toujours enjouée : quel bonheur de le voir s'installer aux commandes de son engin, et saluer la foule. »

Quel bonheur, oui. Le soir venu, dans mon hôtel de vieille pierre, à deux pas de la cathédrale Saint-Gatien, je m'obstine à composer, pour mon Augustin, des missives interminables. La pluie bat à mon carreau. Je me lève, ouvre en grand. Ce tapage ! La ville disparaît sous les trombes. La crue du Cher, m'a-t-on fait savoir, menace l'aérodrome, une annulation pure et simple des festivités n'est pas à exclure. Je me rassieds, reprends mon porte-plume. « Et toi mon ami, reclus en ta citadelle de grisaille, retranché à Paris comme sous la menace de quelque indicible conquérant... Pourquoi me fuis-tu ? Suis-je devenue à ce point indésirable ? Je veux, me lis-tu bien ? je veux que nous dînions dès que je serai rentrée, et que tu m'expliques ce que tu me reproches. Un mot de toi, sache-le, et je puis disparaître. Ce ne sera point, cependant, avant d'en avoir entendu la raison. »

Le lendemain, malgré une bruine tenace, le programme des vols est maintenu. Un parapluie m'échappe, volé par une bourrasque. Dickson, toujours lui, améliore ses performances. « À le voir enchaîner les tours avec un tel naturel, plaisante un éditorialiste, on pourrait croire que la Terre l'ennuie un peu. Retrouvera-t-il un jour le plancher des vaches ? Repartira-t-il en Écosse par la voie des airs ? »

Au quatrième jour, pourtant, et contre toute attente, c'est Géo Chavez, toujours sur Farman, qui signe le record de distance : 108 kilomètres. Son atterrissage devant les bureaux du secrétariat, après deux heures de vol, provoque un afflux de journalistes. À son retour vers le hangar, m'apercevant, il se débarrasse agilement de la horde et, son casque à la main, trottine vers moi, se fend d'une pirouette.

– Vous !

– Moi, en effet. Mes sincères félicitations : nous avons cru que vous ne reviendriez jamais.

– Mon heure n'a pas encore sonné. Depuis le temps ! Il fallait que je vous rencontre. Un verre, ce soir ?

– Cinq minutes de vol et je reviens.

Mais je ne décollerai même pas, ce jour. Déveine irritante : René Métrot, qui a emprunté mon biplan, en brise l'aile gauche, déchirant la toile sur une bonne longueur. On remorque l'oiseau touché. Se tordant les mains, l'infortuné me suit comme un enfant en faute.

– Je ne sais pas comment j'ai fait mon compte.

– Ce sont des choses qui arrivent.

– Je vous invite à dîner.

– Déjà prise.

Ce soir-là, malheureusement, Géo Chavez me fait faux bond. L'un de ses mécaniciens a l'amabilité de descendre me prévenir. Monsieur est indisposé. Je laisse mon verre sur la table et monte me coucher.

La nuit suivante, de nouveau, est agitée ; des vents scélérats soufflent sur la ville, mugissant dans le noir des avenues. Le lendemain, les organisateurs ont leur tête des mauvais jours. Que tenter, qu'offrir à la foule ? Le Néerlandais Küller est le seul à risquer une sortie – 3 kilomètres à peine, un périple heurté, ponctué de secousses inquiétantes. Mieux vaut en rester là.

Vers midi, un coup de canon annonce la fin des festivités. En guise de consolation, on autorise le public à défiler devant les hangars pour admirer les appareils de plus près. Campée sous un parapluie tout neuf, j'accueille les hommages habituels.

– Ma femme vous admire beaucoup.

– Et vous ?

Aucune amélioration pour le dernier jour : des rafales imprévisibles empêchent toute tentative de vol sérieuse. Puis, le soir venu, alors que les spectateurs déconfits commencent à se retirer, le vent tombe. À bord d'un Voisin qui n'est pas le mien, je tente alors une dernière escapade qui, bien que fort brève, enchante ce qui reste du public. Par deux fois, je passe à faible altitude devant les tribunes, me payant même le luxe de saluer les spectateurs de la main. Les fidèles se lèvent pour m'applaudir ; je saute au bas de mon appareil, mon béret roule dans l'herbe – on me voit hilare et comblée, jouant avec les photographes. Un officiel me rejoint, jetant une couverture sur mes épaules cependant que, sous l'averse qui crépite, des mécaniciens prennent en charge l'appareil. J'ai gagné 1 000 francs, confié-je à un journaliste venu recueillir mes confidences.

– Et l'amour du public, complète le malicieux, tandis qu'au bas des gradins, mon nom est scandé encore.

Géo Chavez, qui s'est remis de sa « grippette », m'emmène boire un vin chaud dans un boui-boui des faubourgs. Le patron, dit-il, est un ami.

Fumée piquante, faces rougeaudes : les habitués se tournent vers nous. Géo nous déniche une table à l'écart. Il est curieux, volubile – ses questions l'intéressent plus que mes réponses, mais le plaisir qu'il prend à ma compagnie n'est pas feint.

– Il ne faut pas que nous nous perdions de vue ! répète-t-il. Je me sens bien, avec vous. Mieux qu'avec les autres.

Penché en avant, triturant son béret, il me souffle des confidences alcoolisées au visage. Géo n'est pas son vrai nom. Jorge Chávez Dartnell, ma chère. Mes parents sont péruviens. Je me sens bien, avec vous.

– Vous l'avez déjà dit.

– Vous savez comment on vous surnomme, dans les hangars ?

– Étonnez-moi.

– La petite mère. (Il secoue la tête.) Non. Ce n'est pas vrai. Il n'y a que moi qui vous appelle ainsi. (Il se renverse en arrière, se caresse la mâchoire.) *Ah, me cago en Dios !* Je crève de trouille, voilà la vérité : je me pisse dessus à chaque fois. Comment vous faites, vous ?

– Je pisse avant.

Le meeting de Saint-Pétersbourg approche : six engagés, cinq modèles d'avion (seul le Farman était représenté deux fois), c'est une compétition de prestige à laquelle, dit-on, le tsar en personne a prévu d'assister. À bord de l'Orient-Express, j'ai insisté pour voyager seule, avec mes pensées et mes livres, *La Jeune Fille bien élevée*, *Le reste est silence* – on pourrait croire ma vie ainsi résumée.

Contemplation méditative, champs verts, champs gris, forêts de printemps, immensité des plaines caressées par les feux du couchant. Le soir, dans ma cabine, menton posé sur mes bras croisés, je regarde la lune accomplir son grand œuvre. Les arbres noirs, les feux tremblants des villes, un lac sous les myriades. Les gares sont fugaces, mes songes en lambeaux. Aux heures précédant l'aube, sur la tablette de merisier de ma cabine, j'écris, ne m'arrêtant que lorsque les cahots du train menacent de faire déborder ma prose. Il y a des lettres pour mon fils, d'autres pour Charles, quelques-unes, enfin, pour Augustin, bouteilles à la mer que, fidèle à ma routine, je garderai pour moi. Il m'inquiète. Mais que faire ? Je ne peux lui dire comment mener son existence, pas plus qu'infléchir le cours de la mienne pour complaire à ses angoisses. Jamais, il me semble, la nature expressément duelle de sa personnalité ne s'est exprimée avec une telle vigueur. « Tu essaies d'être deux personnes, lui écris-je. De concilier en toi deux natures résolument contradictoires. Mon avis, chère âme, est que tu t'attaques à une tâche impossible. Ton salut est ailleurs. »

Je l'entends presque me répondre. Ailleurs ? Mais où ? Comme c'est facile, pour toi ! Tu t'échappes, toujours, tu te fuis et m'abandonnes.

Je ne te fuis pas, Augustin : je m'efforce de te montrer la voie.

J'arrive en Russie à la veille de l'inauguration. « Les exploits des aviateurs, écrit la presse, vont produire sur la foule énorme et suprêmement élégante de Saint-Pétersbourg une impression extraordinaire. » Dès le premier jour, Christiaens sur Farman et Morane sur Blériot régalent l'assistance d'exploits inédits, ce dernier se payant le luxe de couper l'allumage à 300 mètres pour décrocher finement, et rebondir ensuite pleins gaz.

Au temps de vol pur, je me classe quatrième sur six, avec vingt-trois minutes passées dans les airs. Il faut dire que je ne prends part que tardivement au concours – les mécaniciens, empruntés, ont toutes les peines du monde à terminer le montage de mon appareil. Quand, enfin, me voici en état de me mesurer aux autres, un vent du nord s'en mêle. Cela ne m'empêche pas, pour ma première tentative, de me hisser à près de 200 mètres. Passant au large des tribunes, je parviens à manier l'oiseau avec constance et atterris littéralement devant la loge du tsar Nicolas II lequel, me racontera-t-on, se lève, ravi, pour applaudir.

La présence du souverain enchante les observateurs. La rumeur du jour veut que, répugnant à se montrer en public, il ait exprimé le souhait de nous voir accomplir nos cabrioles dans les champs jouxtant la palais Alexandre, sa résidence d'été de Tsarskoïe Selo, à une trentaine de kilomètres de Saint-Pétersbourg. Les organisateurs lui ayant fait comprendre que la chose était exclue, Sa Majesté, contre toute attente, a consenti à faire le déplacement, flanquée d'une cohorte de dignitaires massive. Le 16 mai, c'est en personne que le potentat vient nous rendre visite aux hangars, inspecte nos appareils, nous pose des questions sur leur fonctionnement, les caractéristiques des moteurs, etc.

Deux nuits plus tard, je trempe ma plume dans l'encrier du souvenir. Sur le papier à lettres, aux armes du *Grand Hôtel d'Europe* (un autre), elle grince avec entrain, tandis qu'un jeune mécanicien dénudé, une bouteille de vodka à la main, cherche son caleçon long dans le fouillis des draps.

Mon bel ami, tu auras du mal à le croire, mais figure-toi que nous avons été décorés ! Te voici devenu le soupirant (car je sais que tu soupires) d'une Chevalière de l'ordre impérial de Sainte-Anne. Une médaille dorée frappée de l'inscription « pour diligence » nous a été remise dans un écrin de velours...

– Je ne le trouve pas.

– Allons. Cet établissement n'accueille aucun prestidigitateur.

Il pose la bouteille sur la commode, lâche un rot gracieux, s'approche en se dandinant, serviette nouée autour de la taille, et dépose un baiser sur mon épaule.

– Et si nous reprenions là où nous en étions ?

– Je termine quelque chose.

– Tu es mariée ?

La question a l'air de l'intéresser pour de bon.

– Cela te flatterait, j'imagine.

Dénégation évasive. Il tire une chaise, se laisse tomber dessus, attrape un coupe-papier pour se faire les ongles.

... sur quoi de hautains laquais se sont empressés, nous remettant, à mes camarades et à moi, tout un assortiment de présents dispendieux. C'en était embarrassant : bijoux,

broches, une montre (je te donnerai la mienne, c'est un modèle homme), étui à cigarettes, chocolats fourrés et j'en passe. J'ai fait porter mes paquets à l'hôtel, une voiture est venue nous prendre, et je suis allée boire des vodkas glacées avec l'amusant Josef Christiaens, un Belge plein d'esprit (nous avons le même âge, le même goût des sottises, la même aptitude à l'indifférence) qui refuse...

– Moi, je suis marié.
– J'ai vu.
Songeur, il fait coulisser son alliance.
– Ça ne te dérange pas ?
– Je m'en moque comme de ton caleçon long.
– Nous avons un accord. Ma femme et moi.
– Fort bien.
– Je pourrais la quitter pour toi.
Je pose ma plume, lui souris avec franchise.
– Que fait-elle, dans la vie ?
– Infirmière.
– Prends soin d'elle, imbécile. Arrête de rêver.
– Toi et moi ? C'était un rêve ?
– Un instant.

... qui refuse, prétend-il, de choisir entre la voltige et les courses automobiles. Le garçon sera à Rouen en juin, pour le meeting. Il prétend qu'il te connaît bien, « un compagnon de beuverie plus que recommandable », à l'entendre : il me tarde d'éclaircir ce mystère.

Je pose ma plume, prends le visage de mon mécanicien entre mes mains, mordille sa lèvre inférieure, le sens se raidir, délicieusement – le repousse.

– Tu sens la vodka de luxe.

– Je...

– Il n'y a pas de toi et moi, mon beau. Il y a toi, il y a moi : deux vies, deux trajectoires.

– Mais tu m'as laissé entrer dans ta suite. Et tu as dit que je te plaisais !

– Tu me plais, c'est vrai : tu me plais un peu trop. Parce que nous ne nous reverrons jamais. Parce je sais beaucoup plus de choses que toi, et que cela me repose.

– Tu ne sais même pas comment je m'appelle. Vrai ! je pourrais me vexer.

J'écarte un pan de ma robe de chambre, prends sa main, la pose sur mon sein.

– Te vexer ? Tu n'as aucune raison de te vexer. Profite de ce qui t'est donné, inconnu. Le moment. Le secret.

– Rentres-tu demain matin ?

– Oui. Un autre meeting m'attend.

– Rouen ?

– Rouen.

Ses yeux pétillent. Il caresse mon autre sein de sa paume.

– J'y serai aussi, comtesse.

– C'est baronne. Et j'en suis fort aise. Mais je ne te connaîtrai plus.

Rouen, donc. Bientôt. Au journal *L'Auto*, où je suis venue faire valider mon inscription avant de partir déjeuner avec Augustin, j'explique que je ne compte pas jouer les ornements. Je ne suis pas dupe : mes premières apparitions – sur les terrains d'Égypte et de Russie, en particulier –, ont suscité l'enthousiasme des foules, étonnées, toujours, et enchantées, parfois, qu'une représentante du beau sexe puisse, au côté de ses mâles collègues, s'adonner à un exercice aussi périlleux que le vol en aéroplane. Mais le temps de la stupéfaction doit maintenant passer. Contrairement à nombre d'« hommes-oiseaux » attirés par des promesses de renommée éclair et d'argent facile, je ne suis pas de passage. Aucun défi ne me fait peur. À Saint-Pétersbourg, devant le tsar, j'ai prouvé que je pouvais en remontrer aux meilleurs. « Des vols superbes, dignes d'un Rougier ou d'un Métrot », ont reconnu les reporters.

Au début de juin, je saute dans un train pour Budapest, où m'attend, cette fois, un meeting de proportions inédites, riche d'une quarantaine de participants. L'affaire, cependant, tourne au fiasco. Une série d'accidents graves, associés à des conditions climatiques déplorables, retardent grandement mon premier vol, que je n'accomplis qu'au terme du huitième jour. Patiente et charmée, pourtant, l'assistance me réserve une ovation chaleureuse. Ce jour-là, avec un vol de vingt minutes, je me classe troisième au concours de distance sans escale, et seconde à la hauteur, à près de 160 mètres.

Le lendemain, pour la neuvième journée, je vole pendant quarante minutes, et trente encore le jour d'après. L'affluence ne faiblissant pas, les organisateurs décident de prolonger les festivités. Je repars lestée d'un prix de 5 000 francs, un lot « de consolation », selon l'expression. Venu me chercher à Paris, Charles me trouve vexée.

– Consolation de quoi ? Est-ce que j'ai l'air triste ? M'as-tu déjà vue déçue ?

Il me soulève du sol, m'étreint, m'embrasse en pleine gare.

– Allons dîner. Puis faire l'amour. Puis dormir. Demain, nous partons à Rouen.

– Tu viens donc ?

– Et comment ! Je veux avoir ce Christiaens à l'œil.

Je lui flanque une bourrade.

– Idiot !

Nous sortons sous l'averse, et il m'embrasse encore.

– Tu as un goût d'ailleurs.

Pour la semaine rouennaise, qui se tient du 19 au 26 juin et s'est vue dotée, au total, de 200 000 francs de prix, pas moins de vingt candidats ont paraphé le registre d'inscription, dont quatre sur Voisin et cinq sur Farman. L'affiche, haute en couleur, montre un audacieux filant, bras levé, au large de Notre-Dame de Rouen, devant un soleil « digne de Van Gogh », commente un Charles en verve. Métrot et Latham sont de la partie, ainsi que l'inévitable Dickson. Le nom de

Christiaens, en revanche, ne figure pas sur la liste des participants.

– Il a appris que je venais ? plaisante mon amant.

Occupée à inspecter les ailes de mon appareil, je lui adresse un sourire furtif. Bien sûr, je suis heureuse qu'il soit venu, mais Gabriel est là, lui aussi, et ces deux imbéciles passent leur temps à s'éviter.

– Qu'est-ce qui se passe, entre vous ?

– Qu'est-ce qui ne se passe pas, tu veux dire ? Demande-lui donc : c'est lui qui me bat froid. Là où je vais, il n'est pas. Et il ne m'informe plus de rien.

– Mais vous êtes à Rouen tous les deux.

– Pour toi.

– S'agirait-il d'une histoire de femme ? Je veux dire, d'une autre femme ?

Adossé à mon biplan, à présent, Charles a déplié l'édition du jour de *L'Auto*, commentant sa lecture avec gourmandise.

– Écoute ça. « Aujourd'hui, sur la plaine immense qui s'étend aux portes de Rouen les hommes-oiseaux les plus réputés vont s'envoler de toutes parts. »

– Et la femme-oiseau ?

– J'y arrive : « La baronne de Laroche n'est plus seulement une femme gracieuse et jolie, mais une aviatrice digne des meilleurs aviateurs. »

– Élève en progrès. Géo Lefèvre ?

– Soi-même.

L'ingénieur referme son journal, le roule comme toujours et le fourre dans la poche de son veston.

– Apparemment, Christiaens serait là. En tout cas, c'est ce que prétend le journal.

– Faut-il croire tout ce qui est écrit ? demandé-je en m'installant aux commandes de mon engin pour étudier le tableau de bord.

– Ils ont les dernières informations : trois pilotes Voisin, et six Farman. Je crains que nous ne soyons réduits à jouer les utilités.

– Ces chaleureux encouragements me vont droit au cœur.

Je saute au sol ; il me cueille au vol et cherche mes lèvres, mais je le repousse.

– Pas ici. On nous regarde.

Je hoche le menton. À l'entrée du hangar, un inconnu, appareil de photo en bandoulière, nous adresse un salut entendu. Charles fronce les sourcils.

– Tu le connais, ce guignol ?

– Que nenni. Distrais-le un instant. Je sors par-derrière.

J'ai appris, il y a longtemps, à ruser avec les journalistes. À prendre ce qu'ils avaient à me donner sans leur offrir en retour plus que nécessaire. Manœuvres d'équilibriste… Cent mille spectateurs sont attendus à Rouen : j'ai besoin qu'on me suive sans me gêner, qu'on m'embrasse sans m'étouffer, qu'on me capture pour me laisser libre.

Ce jour-là, sans attendre, je me hisse, levier au poing, à 200 mètres d'altitude, « m'en allant étendre mes ailes », comme le chante le toujours lyrique Géo Lefèvre, « au-dessus de la lointaine campagne ». Jamais avare d'exploits, Léon Morane, sur Blériot, me vole la vedette en allant taquiner, à l'instar du pilote de l'affiche, la flèche de la cathédrale de Rouen : une promenade de 25 kilomètres, dont les journalistes, le long d'interminables colonnes, louent le naturel et la fluidité.

Dès le lendemain, un vent dangereux, « le Souffleur », comme on le surnomme, s'invite au meeting. Malgré la douceur et le ciel sans nuages, les concurrents doivent patienter avant de prendre leur envol. Dickson, Latham (« l'homme de la tempête »), et de jeunes gloires nouvelles comme Hanriot, régalent la foule. Je fonce aussi, vole sur 6 kilomètres, décroche la huitième place du jour. Bartolomeo Cattaneo, un Italien d'une trentaine d'années, accomplit sur Blériot des tours étonnamment véloces, et prend la tête de la totalisation des distances.

Je note que les frères Voisin se parlent de nouveau. De toute évidence, les performances des Blériot et des Farman les inquiètent. Leur écurie a perdu de sa superbe ; « tout va très vite », m'a glissé Charles hier, et il ne parlait pas des avions. L'étoile des frères d'Issy, si brillante il y a quelques mois encore, commence sérieusement à pâlir.

Le lendemain, un certain Léon Bathiat, qui a remplacé Louis Bréguet au pied levé, voit son appareil virer de bord en plein vol, à 45 degrés, et s'écraser au sol. Comme souvent, un murmure d'effroi parcourt les gradins mais de nouveau, hip, hip, hip ! l'homme s'en tire avec quelques égratignures.

– Nous avons appris à tomber, confié-je ce soir-là à un plumitif venu m'interviewer.

Front ridé, l'homme opine en prenant ses notes. Du Bréguet de Bathiat, il ne reste qu'un amas de toiles et d'armature brisée. Au classement des kilomètres, j'ai gagné trois places.

– Jure-moi que c'est le dernier, me glisse désormais Charles avant chaque vol.

Le lendemain, déportée à plus de 20 mètres par une rafale, je fais preuve, de l'avis des observateurs, d'un sang-froid exceptionnel pour redresser mon appareil qui, sans cela, aurait pu aller s'écraser au beau milieu des tribunes. Dans mon hangar, tandis que les frères Voisin distraient les journalistes, je tamponne mes joues d'un nuage de poudre de riz.

– Il faut avoir une mine de circonstance, expliqué-je à Gabriel, venu s'enquérir. « Pâle comme un linge : la baronne frôle la mort. »

L'aîné secoue la tête, déconfit. Deux minutes plus tard, un reporter de *La Presse* s'installe à mon côté, stylographe levé.

– Madame, votre manœuvre a considérablement impressionné l'assistance. Qu'avez-vous ressenti, quand vous avez compris que vous étiez en train de perdre le contrôle de votre appareil ?

– Je n'ai pensé qu'au public.

– Comme au temps où vous vous faisiez applaudir sur scène ? Car il faut rappeler…

Je l'interromps.

– Ce n'était pas du tout la même chose. Dans le moment que vous évoquez, les applaudissements m'importaient peu. Et puis, vous savez, on n'entend que trois choses, là-haut : le bruit du moteur, la colère du vent et les battements de son cœur.

Le journaliste, convaincu, griffonne à toute allure.

– Je distinguais l'ensemble. Les petits bancs, les piquets, les spectateurs, les drapeaux agités. Je me disais : tout, mais pas ici. Finalement, ce fut rien, et ailleurs. Pour cette fois-ci, j'ai eu de la chance.

Le lendemain, comme pour contredire (ou confirmer ?) l'assertion, je casse une aile de mon appareil. Un accident sans conséquences, mais qui jette une ombre supplémentaire sur le moral des Voisin. Cette nuit-là, après le dîner et les libations d'usage, Charles se met à faire les cent pas dans ma chambre alors que, déjà, je me suis glissée au lit.

– Nous perdons du terrain…, peste-t-il.

Je tapote son oreiller.

– Viens donc par ici. Demain est un autre jour et ce soir, j'ai failli mourir.

Il dénoue sa cravate.

– Dickson. Latham. Verstraeten, maintenant. Et toujours ce fichu Italien.

– Cattaneo.

– Il n'y en a que pour eux.

– Ils volent plus haut, plus vite, et plus longtemps.

Il se penche vers moi, m'attrape la nuque, plaque un baiser furieux sur ma bouche. Je le repousse.

– Je ne veux pas d'un homme en colère.

Il ôte son maillot de corps, me le lance.

– Faut-il que je t'aime, pour te laisser grimper si haut sans moi. Que se passe-t-il, hein, sous les nuages ? À qui te promets-tu ?

Je soulève le drap pour lui.

– Au ciel et à nul autre.

À mon côté, il se glisse en ronchonnant.

– Je crois que j'ai trouvé une maison, dis-je, me blottissant contre lui.

– Une maison.

– Quai de Billancourt. Face à la Seine. Un vieux peintre d'Anvers y habite, l'ami d'un ami, mais on dit qu'il projette de partir.

– Et alors ?

– C'est arabisant. Un peu plus de 250 mètres carrés, m'a écrit le notaire, et une terrasse, mon ami ! Cinq chambres, pas moins. Joues-tu au billard ?

– Pas maintenant. Cinq chambres... Une pour moi ?

– Une chambre pour André, une pour Augustin, une pour moi, une pour Contact, et un bon débarras !

– Le chien... Tu préfères le chien.

Il attrape une cigarette, l'allume en fixant le plafond.

– Ce que tu peux être soupe au lait ! Tu me regretteras, quand je serai morte.

Il me souffle sa fumée au visage.

– Dis cela encore une fois et je t'étrangle de mes mains.

Je ferme les yeux.

– Fais-le.

Mais il ne le fait pas.

Les journées se suivent et se ressemblent trop. Au classement des distances, me voici irrémédiablement à la traîne. Toujours, dans la presse, on loue ma bonne humeur et mon sang-froid mais l'on s'étonne, aussi, qu'une élégante ambitieuse puisse manœuvrer une bête aussi capricieuse que ce biplan Voisin, de toute évidence dépassé, ces jours-ci, par nombre d'appareils plus sophistiqués.

Sur le plan sportif, les louanges, immanquablement, partent vers Audemars, Hanriot, Latham, Dickson et le « fichu Italien ». Pour finir, je décroche la quinzième place du meeting. Jean Dufour et Réné Métrot, qui volent eux aussi sur Voisin, terminent derrière moi ; c'est à la fois une consolation et un désaveu.

À présent, je ne me déplace plus sans le chien Contact. Mon père me l'a rapporté à l'occasion d'un bref aller-retour à Paris.

André aurait aimé le prendre, mais ses grands-parents s'y opposent. Un chien, ça se promène, lui a-t-on rappelé, ça demande du temps, et grand-mère Thadome commence à marquer le pas, sans parler de son époux, le « vieux », qui a dépassé les soixante-dix ans.

J'ai donc pris le taureau par les cornes : j'ai acheté un collier, une laisse, une gamelle en fer-blanc, et j'ai laissé mon petit papa repartir seul dans les Alpes. Pendant quelques jours, l'animal a paru désorienté, sans entrain. Puis, convaincu par mes efforts, j'imagine, il a recouvré sa joie de vivre.

Lorsque je pars en vol, je le confie à Charles, s'il traîne dans les parages, ou à quelque journaliste ami des bêtes, trop heureux de pouvoir me rendre service. Contact aboie avec véhémence, quand je prends le chemin du hangar, il tire sur sa laisse ; au moment où mon moteur commence à vrombir, ses pattes avant quittent le sol.

La semaine de Champagne, pour laquelle j'ai, sans hésitation, décidé de concourir, se trouve vite endeuillée par la mort de Charles Wachter, dont l'appareil, triste catastrophe, a vu ses ailes se replier en plein vol.

Je ne connais pas très bien Wachter, à peine ai-je eu le temps, à la veille du drame, d'échanger avec lui quelques amabilités mais, au sein de la cohorte des aviateurs venue assister à la levée du corps, le 6 juillet, je figure parmi les plus anciennes. Les journalistes présents peuvent tous constater que la jeune femme « à l'éternel sourire tout de douceur » attire à elle la plupart des « anciens », Blériot, Latham et autres, qui savent pouvoir trouver auprès d'elle le réconfort maternel que leur âme juvénile, masquée par le caractère et les convenances, réclame à grands cris.

Ce même jour, plus tard dans l'après-midi, les aviateurs sont prévenus que le président Fallières en personne va, le lendemain, honorer le meeting de sa présence. Arrivée tôt sur place, le lendemain, je file droit au hangar où les techniciens, déjà, s'affairent. Mon parapluie, de nouveau, est hors d'usage. Alfred, mécanicien, regarde la tempête se déchaîner en tirant sur une cigarette.

– Tu parles d'un marécage...

Il me tend le presque mégot, je secoue la tête.

– Connaît-on les prévisions ?

Soupir.

– Pour les vendeurs de bottes et de cirés : excellentes. Sinon, ça pourrait se lever en début d'après-midi.

Ça se lève un peu, en effet. Un intrépide (le lieutenant Basset) tente un vol peu après le déjeuner ; il ne monte pas bien haut. À cinq heures de l'après-midi, tandis que les troupes du 137e régiment d'infanterie, formant la haie d'honneur, commencent à se raidir, une fanfare entame *La Marseillaise* devant la gare de Bethény. D'une limousine à deux roues, le président descend, bientôt rejoint par un groupe de ministres. En ordre dispersé, la délégation gagne le buffet privé du comité.

La crinière blanche de Fallières, monté sur une estrade, domine l'assistance. Il se racle la gorge, balaie la foule du regard, lève une main solennelle.

– Je suis venu avec le plus grand plaisir assister pour la seconde fois aux épreuves d'aviation. J'ai tenu à apporter mes sympathies personnelles et celles du gouvernement aux hommes qui ont fait réaliser d'aussi grands progrès que les aviateurs. Je suis heureux de constater que, grâce à eux, la France est dans cette industrie à la tête des nations, et j'applaudis à ces conquêtes...

Le vent souffle encore ; on entend mal. Je lisse les pans de mon tailleur. On m'a prévenue : le président veut me voir au premier chef. Ce n'est pas un mensonge. Descendu de son pupitre, il me rejoint sans attendre, prend mes mains dans les siennes et les serre avec chaleur.

– Voici donc notre audacieuse volatrice. Unique en son genre, à ce que l'on m'a dit. (Révérence. Dans mon dos, les autres trépignent. Chacun a préparé son petit discours. Pas moi.) Vous n'avez pas chaud, avec cet attirail ?

J'ai gardé, autour de la tête, un béguin de grosse laine.

– Je voulais, monsieur le président, me présenter à vous telle que je suis : prête à voler, mais craignant le froid, comme tout un chacun.

Fallières approuve, puis passe à mes collègues. Mme Fallières, son épouse, s'avance à son tour et, tandis que le chef de l'État s'éloigne, me retient par le bras.

– Assommant, n'est-ce pas ? Tous ces messieurs si pleins d'eux-mêmes.

– Toujours des messieurs, oui.

Sur un plateau, un serveur nous présente des flûtes de grand cru. La Première dame en saisit une ; je décline.

– Avez-vous de la famille, ma chère ?

– Un fils. Une sœur. Un père.

Le terrain boueux s'offre à notre contemplation. Des drapeaux détrempés claquent au vent. Je lui parle de mon fils. Madame porte sa flûte à ses lèvres. Elle a récemment fêté son soixantième-et-unième anniversaire et son visage, trouvé-je, est plus sévère encore que sur les clichés de la presse.

– Ne tenez-vous pas aux vôtres ?

Je souris.

– Plus qu'à n'importe qui au monde. Mais ils me connaissent. Ils savent qui je suis, et qui je suis est une femme qui vole. J'aime la vie par-dessus tout, mais voilà ce qu'est la vie pour moi : braver l'impossible. Sans ce secours, je périrais d'ennui.

La femme du président médite un instant ces paroles, et goûte une nouvelle gorgée de champagne.

– Ma foi… J'imagine que vous savez ce que vous dites.

– Il y a ce que je dis, et il y a ce que je fais. Permettez-moi de vous mettre en garde, madame : il vaut mieux me voir voler.

En fin de journée, profitant d'une accalmie, Latham et deux autres font lentement passer leurs appareils devant les tribunes, à la grande joie du président et de ses proches.

– Que je suis contente, déclare Mme Fallières quand ils se sont reposés. Pas d'accident. Je ne voulais pas voir d'accident.

Ils repartent le soir même. Dans le ciel, les nuages, pour un temps, se sont écartés.

Le lendemain, peu avant treize heures, et alors que le vent commence à faiblir, je fais décoller mon biplan. Dans les tribunes clairsemées, on se passe les jumelles.

– Maman ?

Un enfant montre le ciel. Soudain, un tressaillement – un murmure dans la foule. Des doigts pointés, des fronts plissés. Qu'est-ce que…

À 40 mètres de hauteur, tandis qu'il s'apprête à terminer son second tour, mon biplan semble pris de convulsions. Secoué par une rafale, presque renversé, il oscille un temps de gauche à droite puis pique brusquement du nez, et part s'écraser au sol.

Un cri d'effroi monte des travées. Très vite, des responsables fondent sur le point d'impact. Ai-je eu le temps de sauter ? C'est ce qui se dit, mais ils n'en savent rien. Le fait est que je gis au milieu d'un fatras d'ailes brisées. Sur certains clichés, le lendemain, je me verrai inconsciente, paupières closes, et je ne me reconnaîtrai pas.

Des gendarmes à cheval tentent d'écarter les curieux. Un brancard est apporté ; des photographes l'accompagnent.

– Écartez-vous, enfin ! Laissez-la respirer !

Mais respiré-je encore ? L'histoire se passe sans moi.

Une ambulance a été appelée, qui se gare le long de la pelouse. Deux médecins en sortent, tout de noir vêtus. L'un deux débouche un flacon de chloroforme.

– Il y a des fractures, dit-il.

Je marmonne, apparemment, une protestation. On m'emmène, on m'ausculte, on m'endort à moitié. Au milieu de l'après-midi, après quelques examens plus poussés, je suis transportée à la clinique du docteur Roussel, à Reims. Je suis vivante, telle est l'heureuse nouvelle. Au dernier moment, j'ai bondi hors de l'habitacle. Je n'en garderai qu'un souvenir irréel.

Les frères Voisin sont avertis. Ils vont venir, me dit-on. Il faut prévenir mon père, rétorqué-je, ma sœur, le pauvre Augustin. « Restez calme » est la consigne.

J'imagine les journaux. L'effarement de mes proches. Leur colère, peut-être : une colère impuissante. « Fracture du bras gauche. De la cuisse gauche. Luxation de la hanche droite. Fracture compliquée de plaie à la jambe droite. Le pronostic est réservé. »

À midi, le lendemain, Augustin bondit dans un train pour Reims – comme la plupart, il a appris la nouvelle dans les journaux. Le pire est arrivé, songe-t-il, tandis qu'au-dehors la campagne défile. À présent, il faut seulement que je vive.

Le presse, toujours en quête d'émotions faciles, est aux aguets. Très vite, des journalistes se présentent au domicile de mes beaux-parents, rue de Richelieu. Un chroniqueur raconte que Marthe Thadome – la grand-mère d'André, sept ans –, a appris la nouvelle de l'accident par son entremise. Triste foutaise : un télégramme l'en avait déjà avertie.

On prétend encore que mon fils aurait dû se trouver à Reims, le jour du drame, et que seule la Providence a permis qu'il n'en soit pas témoin. C'est faux, une fois encore.

Sur les circonstances de l'accident (la présence inopportune d'un autre appareil, notamment, qui aurait précipité ma chute), sur mon état de santé, surtout, les nouvelles les plus alarmantes circulent. On mentionne une plaie au crâne, un pouls irrégulier… Les prochaines heures, souligne-t-on, vont se révéler déterminantes.

Augustin, qui a essayé de forcer les portes de la clinique, se voit impitoyablement refoulé, sans, bien sûr, que j'en sois informée : aucun lien de parenté ne nous rattache. Charles, qui a pris une chambre dans un hôtel adjacent, se ronge pareillement les sangs. On attend, au matin, des nouvelles de l'éminent docteur Roussel. Il se présente devant la presse peu avant midi. Ma situation, assure-t-il, demeure préoccupante, mais mon état général s'est amélioré, et on ne craint plus pour ma vie.

Augustin, qui tue son ennui dans un bar non loin, finit par repérer Charles, et se présenter. Mon amant lui broie l'épaule en lui serrant la main.

– Ravi, mon vieux. Élisa m'a beaucoup parlé de vous.

Ils commandent deux verres de vin blanc. Charles a été entendu par les commissaires.

– Elle va bien. Ils lui font des piqûres de caféine. D'après les derniers éléments d'enquête, l'appareil d'un certain Lindpaintner s'est approché trop près du sien, et c'est en voulant s'en éloigner qu'elle a perdu le contrôle.

– Vous y croyez, à cette histoire ?

Charles secoue la tête.

– « Dubitatif » est le mot. Nous voilà pris dans un faisceau de témoignages contradictoires. Un photographe déclare qu'il a vu l'hélice s'arrêter. Rien d'autre à faire qu'attendre, je le crains.

Le lendemain, à dix heures du soir, un nouveau bilan de santé est communiqué à la presse. Pas de fièvre, « courage exemplaire », état stationnaire.

Les plaies ont été pansées, les membres fracturés équipés d'appareils de contention. Sous chloroforme, la luxation de la hanche droite a été réduite. « Notre patiente, soutient le docteur, dispose des ressources morales et d'une bravoure physique qui lui permettront sans nul doute de triompher de l'épreuve. »

Dans le journal *L'Auto* du 12 juillet, un communiqué rédigé (mais non signé) par mon cher Augustin atteste que je me trouve désormais hors de danger. Une longue convalescence m'attend qui, pendant plusieurs mois, va me tenir éloignée des terrains d'aviation. Les retrouverai-je un jour ?

Le 24 juillet, dans *Le Nouveau Siècle*, un long entretien paraît, où je m'exprime en mon nom seul. L'article s'ouvre sur d'anciennes photographies d'actrice et de modèle, que le journal s'est procuré lui-même.

Je crois sortir d'un long et douloureux songe. Quand tout à l'heure le docteur Roussel qui m'a soignée avec tant de dévouement est venu me dire que j'étais sauvée et que peut-être je ne serais pas infirme, les larmes me sont venues aux yeux. À mon âge on craint parfois plus d'être détériorée que de mourir. Ah ! j'ai souffert et je souffre encore horriblement. J'ai les deux jambes et le bras cassés, l'œil abîmé, et quelques fractures çà et là, dans le reste du corps ! Je crois vraiment qu'il y a un dieu pour les aéronautes.

Un de mes premiers soins a été de lire les articles ou plutôt les oraisons funèbres qui m'ont été consacrées. Je voulais savoir la façon dont m'enterraient mes contemporains et je dois dire que j'en suis très touchée. […] C'est à vous donner envie de mourir de temps en temps. […] Je suis très fataliste. N'allez pas croire que j'aie pour l'existence un de ces dédains maladifs de neurasthéniques qui jugent que la vie ne vaut pas la peine d'être vécue. J'aime la vie, mais j'adore aussi le danger. Courir des risques, c'est se donner des sensations et c'est encore une façon de vivre. À chacun la sienne, n'est-il pas vrai ? Je préfère risquer de me tuer brusquement que de me tuer avec lenteur comme beaucoup d'autres en prenant de l'éther, de la morphine ou en me livrant à des excentricités qui annihilent peu à peu le corps, le cœur, et l'esprit. J'avoue que je ne puis voir un danger sans vouloir me précipiter au-devant de lui. Seul mon devoir de mère me retient parfois. […] Nous avons toutes en nous l'amour du danger. […] Combien d'entre celles qui viennent assister aux combats de boxe, aux cercles de la mort, aux vols des aéroplanes ont en elles un secret espoir qu'elles n'osent s'avouer. Celui de croire qu'il va se passer quelque chose.

[…] Mon mérite, et c'est le seul dont je n'ai pas parlé, a été de résister au choc. Je suis surprise de la vitalité que peut avoir un corps de femme. Pas un instant, malgré ce qu'on a dit et écrit, je ne me suis évanouie, pas une seconde je ne suis tombée dans le coma. Malgré mes souffrances atroces et mon impuissance physique, mon cerveau vivait toujours, l'esprit triomphait de la matière et je me rendais

compte de tout ce qui se passait. Personne ne peut savoir les douleurs affreuses que j'ai ressenties. [...] Mes premiers mots furent pour demander à boire. Comme la bonne sœur hésitait à me donner satisfaction, je me souviens lui avoir dit : « J'en ai encore pour quelques minutes seulement. Vous ne pouvez pas refuser un peu d'eau à une mourante. »

Mon accident a été relaté par quelques journaux de façon inexacte. On a dit que j'avais sauté à terre, ce qui n'est pas vrai. Quand j'ai compris le danger, je me suis levée carrément et tenue au montant de bois pour éviter le choc du volant dans ma poitrine. Le moteur ne s'est pas arrêté et c'est moi qui ai coupé les gaz. Il m'a été impossible de fermer le robinet d'essence et je craignais l'incendie de l'appareil.

J'ai reçu une correspondance énorme : trois cents dépêches et six cents lettres environ venues de tous les coins du monde. Quantité de gens que je ne connais pas m'ont adressé des missives. Une lettre du roi d'Italie m'a infiniment flattée. Tous ces papiers de tous formats, de toutes couleurs, ne sont pas signés par des personnalités aussi célèbres. Il y a des cartes postales d'un poète qui me dit :

La plus divine fleur éclora sous vos pas
Une fleur éloignant les maux et la souffrance
Cette mystique fleur est la reconnaissance.

Allons, tant mieux, et merci à l'ami des Muses. Et les lettres arrivent toujours contenant les propositions les plus saugrenues, les plus inattendues.

J'en ai sous les yeux de deux jeunes femmes qui sont sœurs et se destinent à l'aérostation. Pauvres enfants ! Pourvu qu'il ne leur arrive pas la même aventure qu'à moi.

De Russie et d'ailleurs, des télégrammes affluent. Le tsar lui-même s'est fendu d'un mot d'encouragement. Transférée dans une chambre de rétablissement, qui ouvre sur un délicieux jardin fleuri, j'arpente désormais les couloirs avec mes béquilles et passe de longues heures sur la terrasse, admirant les paons qui se pavanent devant les haies, à l'ombre d'un chêne centenaire. Au début d'octobre, m'a-t-on promis, je serai suffisamment rétablie pour rentrer chez moi, à Paris. En attendant, je réponds à ma correspondance et aux journalistes, lis des romans policiers, goûte à la délicieuse cuisine de la femme du docteur Roussel et attends, chaque dimanche, la visite de Charles, qui arrive régulièrement caché derrière d'extravagants bouquets.

– Comme cet homme vous aime ! me glisse une bonne sœur, un dimanche soir, en le regardant repartir par la fenêtre.

Assise sur mon lit, je referme mon livre.

– Croyez-vous ?

La religieuse se retourne.

– Je pense qu'il vous demandera en mariage sitôt qu'il vous saura pleinement rétablie.

– Il ferait mieux de me faire signer des papiers avant que je puisse lui échapper de nouveau.

Elle pouffe ; elle doit penser que je plaisante.

Au mitan du mois d'août, pour le mensuel *Je sais tout*, dont le rédacteur en chef, Jacques des Gachons, a initié entre nous, au lendemain de mon accident, un échange épistolaire des plus féconds, je me fends d'un ample article sur le sport féminin.

Quelques personnes se sont étonnées que moi, faible femme, j'aie osé affronter un sport qui semblait jusqu'ici s'adresser seulement aux hommes : l'aviation. Si je n'avais pas eu mon malencontreux accident, tout le monde m'aurait donné raison.

Raymonde de Laroche, telle est ma signature. J'enchaîne sur les prouesses sportives de mes consœurs, évoque des championnes de cricket, de natation en mer, des escrimeuses, des alpinistes, des écuyères, des cyclistes, des joueuses de tennis, des pilotes automobiles, etc. Je rappelle, au passage, que mon amie Sarah Bernhardt est une tireuse de revolver redoutable, et conclus sur mon cas personnel :

Remonterai-je ? Peut-être. Il y a des jours où j'en suis convaincue, d'autres où je ne veux pas recommencer. Je crois que je pencherai pour la première alternative. Mais sait-on jamais !

Assis à mon côté, sur le banc de bois du jardin de la clinique, Charles tapote sa pipe éteinte sur son genou en observant un écureuil à la queue touffue qui, au pied du vieux chêne, semble hésiter sur la conduite à tenir.

– Regarde-le, ce drôle !

L'aimable rongeur fait un saut de côté, puis disparaît dans les fourrés.

– Lui non plus ne sait pas ce qu'il veut, dis-je.

Entre nous deux, un exemplaire de *Je sais tout,* modestement corné, commence à prendre la pluie.

– Nous ferions mieux de rentrer.

Paupières mi-closes, je hume l'air du soir, les gouttes lourdes annonçant l'automne.

– Encore un instant, veux-tu bien ?

Charles, qui a coincé sa pipe entre ses lèvres, prend le journal et se met à le feuilleter.

– Je ne te savais pas si savante.

– Moi non plus.

Il s'arrête au milieu de l'article.

– « Ce que le nouveau sport réserve aux faibles femmes, je ne le sais, mais à en juger par les performances accomplies par nos semblables dans d'autres disciplines, il nous est permis, vous en conviendrez, de concevoir les plus légitimes espoirs. » Diantre ! As-tu appris que Marthe Niel est en passe d'obtenir son brevet de pilote, elle aussi ?

– Elle me l'a dit à Reims.

– Où va le monde, hein.

Je lui flanque un coup de coude. Il pleut trop fort pour que nous restions dehors. Charles se lève, me propose son bras. Je le repousse sans méchanceté et attrape mes béquilles.

Je suis encore à Reims lorsque, quelques heures avant la parution du numéro de *L'Auto* relatant la nouvelle, j'apprends par un télégramme d'Augustin que l'aviateur Géo Chavez vient de chuter en Italie, alors qu'il survolait les Alpes. Il s'est brisé les deux jambes.

– Dieu du ciel..., murmure la bonne sœur qui, le lendemain, m'apporte le journal en même temps que mon petit déjeuner.

Du ciel, vraiment ? Elle a pris la liberté de parcourir l'article, me raconte-t-elle. Les photos sont épouvantables. Je lis à mon tour, sans broncher.

– Le chirurgien est plutôt rassurant. Tout de même, un mois d'immobilisation... Mais ne s'en tire-t-il pas mieux que moi ?

Le lendemain, c'est la mort d'Edmond Poillot, un journaliste maison, qui est annoncée : une chute de 20 mètres, aux abords de Chartres. Il est mort sur le coup.

Redressée sur mes oreillers, je laisse le journal choir sur le parquet : trop lourd. Une infirmière ouvre ma fenêtre.

– Vous ne revolerez pas, déclara-t-elle, sans que je sache s'il s'agit d'une question ou d'une assertion de principe.

Je ferme les yeux.

– Mon fils et ma sœur doivent venir aujourd'hui. Pensez-vous que nous pourrons déjeuner sur la terrasse ?

Occupée à mettre de l'ordre dans le linge de mon armoire, la jeune femme se retourne.

– C'est prévu, mademoiselle.

Jeanne et André ne m'ont rendu visite que deux fois, depuis l'accident. On leur a déconseillé de le faire, les premiers temps : à cause, non seulement, de l'état de fatigue dans lequel je me trouvais mais aussi, et surtout, de l'impression qu'aurait pu produire sur mon petit la vision de sa mère ainsi diminuée. Ce n'est que le 20 août que nous pouvons, tous les trois, nous laisser aller à la joie des retrouvailles, et puis deux semaines plus tard. À présent, il semble qu'une routine se soit mise en place. Notre table nous attend, au milieu du jardin, nous mangeons des rognons au cidre et des médaillons de lotte. Le docteur Roussel, invariablement, vient s'enquérir de ma santé et dispenser ses bons conseils. La dernière fois, nous avons partagé avec lui une coupe de champagne.

– À notre miraculée !

André, lui, observe sagement les grands, mains à plat sur son pantalon de laine. Un vent léger dérange ses cheveux de troubadour en herbe. Il me connaît peu, en vérité, il arrive que des mois entiers s'écoulent sans que nous nous parlions, mais je veux croire qu'il y a entre nous un amour qui se passe de mots. Je n'en reste pas moins, à ses yeux, un sujet de questionnement perpétuel. À mes démonstrations d'affection affolée (il faut me voir, picorant ses joues de baisers, ébouriffant sa tignasse, « comme tu as grandi », « quelle prestance », etc.), il oppose une timidité attendrie.

Le chien Contact, que j'ai confié à ma sœur le temps de ma convalescence, batifole dans le jardin. Des oies s'enfuient à son approche, mais il ne se donne pas la peine de les poursuivre, achevant en général ses cavalcades par une roulade dans l'herbe, qui fait rire mon André aux éclats.

– Alors, demandé-je, comment se porte ma belle Orientale ?

De son sac à main, ma sœur sort une liasse de documents ficelés – des titres de propriété, des contrats d'assurance à signer. Coup de folie ! Deux jours avant le meeting de Reims, j'ai acheté ma maison des bords de Seine, avec sa tour crénelée : la Villa Mauresque, comme la surnomment les habitants du quartier. Inspiration mamelouke, m'a certifié un spécialiste. J'y ai englouti l'essentiel de mes économies, allant même jusqu'à produire, à titre de garanties, toute une série d'engagements futurs. Ma sœur, qui me connaît mieux que personne, n'a jamais tenté de me dissuader. Aujourd'hui, c'est elle qui, pour une bonne part, doit conclure l'acquisition et s'occuper de l'aménagement.

– Le notaire a des questions. Rien d'urgent, mais quand même. Et puis il faudra régler la livraison des meubles. Je te laisserai regarder. Tu ne comptes pas garnir les cinq chambres, si ?

Du bout de ma cuillère, je brise la croûte de ma crème brûlée. André s'est levé pour aller jouer dans le jardin avec Contact. Je le suis du coin de l'œil.

– Comment va-t-il ?

– Aussi bien que possible. Il a obtenu un prix en composition française. Son grand-père lui a offert un vélo.

– Oh.

– Nous le prenons chez nous un week-end sur deux. Nous l'emmenons sur les bords de Marne, au théâtre quand il pleut. Il aime Molière.

– Voilà qui fait plaisir à entendre.

– Il parle souvent de toi. *Très* souvent. Il est tracassé, Élisa : ton accident l'a beaucoup marqué.

– Et vous ? Comment se présentent les affaires ? Les sacs, les trousses… Comment va Clément ? Et le petit Charlot ?

Jeanne considère son verre d'eau.

– Tout le monde se porte à merveille, ma chère. Mais est-ce réellement le sujet ? Ai-je besoin de te dire que nous nous sommes fait un sang d'encre ?

– Je crois que non.

– Il y a cet article de *L'Auto*, dans lequel tu déclares que tu ne voleras plus.

Je suçote ma cuillère avant de la reposer.

– J'ai dit ça, hein. Mais il faut payer la villa.

– Il y aurait des choses à faire, à Paris. Tu ne manques pas de ressources, et Clément connaît du monde. N'as-tu pas envie de remonter sur les planches ?

Je secoue la tête.

– Qui t'envoie ?

– Personne. Sinon ma crainte. Sinon mon désir ardent de t'avoir près de nous, de te retrouver. Ton Charles, que dit-il de tout cela ?

– Il me laisse libre.

– Évidemment, soupire mon aînée en suivant du doigt le rebord de son verre. Tu ne l'épouseras pas, si ?

– Nous nous amusons beaucoup, mais nos amours sont trop sérieuses pour que nous nous embarrassions de noces.

Jeanne Hitier. Si sage. Si vieille déjà. Ce sourire impavide.

– Tu aimerais que je te dise que je t'envie, n'est-ce pas ? Je n'ai que mon admiration à t'offrir, Élisa, mais elle ne tient pas lieu de blanc-seing. Je sais que je ne puis t'empêcher de voler et que tes désirs priment sur tout. Mais ton Augustin est venu me voir, l'autre jour. Il est très malheureux, pour ta gouverne. Bien encombré de songes funestes à ton endroit.

– Mon tendre ami. Il a déjà tant à faire avec lui-même.

– Lui aussi a besoin de toi.

– Il a besoin de lui. Chacun est seul à connaître le chemin de son cœur. Pourquoi ne vient-il pas me voir ?

– Il n'ose pas. Il dit qu'il est trop en colère.

J'opine du chef. Assis sur la pelouse, son visage enfoui dans le pelage de son chien, mon fils m'observe à la dérobée. J'agite la main. Il se contente de cligner des yeux.

Quelques jours plus tard, et sans que rien n'ait pu le laisser présager, Géo Chavez meurt. Josef Christiaens, notre ami belge, avait communiqué des nouvelles rassurantes aux journaux, mentionnant un pouls égal, une fièvre légère et une « connaissance parfaite ».

Sur quoi le pouls a grimpé, et la température avec, puis des dépêches affolées ont commencé de circuler… jusqu'à ce soir du 27 septembre où Charles, sans s'annoncer, entre dans ma chambre avec son visage des jours fatals.

– Je sais, dis-je quand il s'assied au bord de mon lit.

Un peu plus tôt dans la journée, j'ai reçu de son frère le télégramme tant redouté. Les funérailles se tiendront le 1er octobre à Paris, en l'église Saint-François-de-Sales. Charles ira pour moi. Il couvre ma main de baisers.

– Je suis désolé…

Je secoue la tête.

– Te rends-tu compte ? Vingt-trois ans, ce n'est pas un âge pour mourir. Et il me demandait, paraît-il. Christiaens me l'a dit.

– Il te demandait.

– Il délirait. La fièvre ? « Petite mère, petite mère. » Il me voulait auprès de lui. Il disait qu'il me devait un verre encore. Il pensait que je l'aiderais à guérir.

Les yeux pleins de larmes, je me détourne. Charles finit par se lever.

– J'ai parlé au docteur Roussel. Il paraît que tu sors dans une dizaine de jours.

– C'est mon espoir.

– J'imagine que tu vas rentrer à Paris.

– À Billancourt, oui. André m'attend. Ma villa, mon chien… Je vais lire, regarder les nuages, la Seine. Tu viendras me voir.

Je le fixe droit dans les yeux. Il passe un doigt sur sa moustache.

– Vas-tu reprendre les essais, Élisa ? Les meetings ? Bon sang... Je déteste te demander cela, mais tout ce que j'apprends, c'est ce que je lis dans la presse. Je viendrai, oui, naturellement... J'ai simplement besoin de savoir si tu as l'intention de...

Je prends une grande inspiration, et termine pour lui.

– Voler de nouveau, hein. (Des arceaux métalliques protègent mes jambes du contact des draps. Sur le côté, un appareil d'électrothérapie relié à mon biceps.) Pour être honnête, Charles, je n'en ai pas la moindre idée. Un jour, c'est une évidence. Le lendemain, je me dis que je suis folle, ou « on » me serine que je le suis. Je songe à André. À Augustin. À mes bonnes amies du théâtre. L'épuisement me lorgne, la lassitude me creuse, mes nerfs sont épuisés. Pourquoi tout cela ? Nous pourrions partir en Amérique du Sud, non ? J'ai un peu de bien et des envies d'ailleurs. Chavez me parlait du Pérou, une plantation ou autre chose...

Charles a posé son front contre la vitre.

– Tu n'es jamais véritablement sérieuse, n'est-ce pas ? Je suis un homme comme les autres, Élisa. J'ai besoin d'y voir clair.

Il se retourne, me dévisage. D'un geste las, je fais mine de le congédier.

– Alors fuis. Va ! Convole avec une autre ! Je ne puis rien pour toi, mon joli. Ce que sera demain ? Je n'en ai nulle idée, et de la suite encore moins. On parle de moi au théâtre, c'est vrai, on me propose même des conférences. De vieux amis m'ont écrit, à propos d'une prétendue carrière. Je ne leur demande rien mais ils me croient prête, lestée d'une secrète maturité. Cet intérêt me flatte, et il me fait rire aussi, tu me connais, mais écoute bien : je ne remonterai jamais sur les planches, *jamais*. Par ailleurs, je reçois tellement de courrier... (Je désigne un sac de jute, frappé du logo des services postaux.) Regarde, rien que ces deux dernières semaines...

Charles rajuste sa lavallière et se rassied à mon côté.

– Que disent-ils, tous ces gens ?

Je me redresse en ahanant.

– Courage admirable ou témérité ridicule, c'est selon. Ces derniers temps, c'est l'hypothèse de la témérité qui prévaut. Pauvre petit oiseau aux ailes brisées ! Maintenant que j'ai chuté, bien sûr, je n'entends plus qu'un son de cloche. Chère madame, vous n'auriez pas dû ! Quelle imprudence que la vôtre ! Danger, mille périls ! L'aviation est un sport réservé aux hommes. (Je lève une main, mimant un aéroplane balloté par les vents.) Rentrez chez vous, n'en bougez plus, il y a d'autres façons de rêver !

Charles ne pipe mot. C'est la première fois qu'il décèle de l'amertume dans mon regard.

– Mais je ne vole pas pour les autres, reprends-je après un long silence. Je ne le fais que pour moi.

À la fin de novembre 1910, le long de la chaussée qui borde la Seine, je sors chaque matin avec Contact qui, fou de joie, ouvre la voie, langue pendante. J'ai encore mes béquilles. Au quotidien *L'Excelsior*, qui vient d'être lancé par un ancien de *L'Écho de Paris*, je confie mes impressions de convalescente. Trop dangereuse, l'aviation ? Je rappelle qu'aucun biplan Voisin ne s'est jamais trouvé à l'origine d'un accident mortel, et loue les prouesses de mes sœurs de vol.

Les hommes ont pris l'habitude de nous reléguer derrière eux : c'est à nous de leur prouver que nous sommes capables de faire, sinon aussi bien, tout au moins presque aussi bien qu'eux.

« Presque » aussi bien ? Le lendemain, je m'esclaffe en relisant l'article. Ai-je vraiment prononcé ces mots ?

Un dimanche de pluie, j'emmène André au théâtre Guignol des Champs-Élysées. Croisé chez les Voisin, le directeur, M. Anatole, s'est entiché de ma petite personne et m'a envoyé des places. « Guignol aviateur, m'a-t-il écrit, j'ai la faiblesse de croire que cela devrait vous égayer ! » Au-dessus de l'assistance abasourdie, en plein air, un aéroplane de poche, suspendu à une corde tendue, emmène Guignol vers les cieux de la victoire. Applaudissements nourris ! Mais André reste muet, il fait la moue. Le chocolat chaud d'*Angelina* ne parvient pas à le dérider. Je lui attrape la main.

– Allons ! Pourquoi cette moue ?

– Je ne veux plus que tu voles.

Il se renfrogne, fuit mon regard. Je souris pourtant.

– C'est ta grand-mère qui t'a parlé de ça ?

Il hoche le menton vers mes béquilles.

– La prochaine fois, tu n'auras pas autant de chance.

– Oui, c'est ta grand-mère.

– Qu'est-ce que je ferai quand tu seras morte ?

– Je ne vais pas mourir. Pas tout de suite.

– Qu'est-ce que je ferai ? répète-t-il. Pourquoi tu m'as fait naître, si c'est pour me laisser ?

Sans le quitter des yeux, je porte ma tasse de thé à mes lèvres.

– Tous les parents finissent par s'en aller un jour. La vie est ainsi faite.

– Mais toi, tu es pressée.

Il me dévisage enfin : d'un air bilieux, réprobateur.

– Tu es en colère à cause de mon accident.

– Je m'en moque.

– André.

– Je ne t'intéresse pas.

Venu s'enquérir de notre confort, un serveur pirouette discrètement. André repousse son chocolat. Je ne sais pas quoi lui dire, alors je ne dis rien.

Quelques semaines plus tard, me voici au Salon de l'auto, dans les allées du Grand Palais – je ne me sers plus que d'une béquille, dont je dissimule l'usage autant que possible. Augustin, que j'ai invité, ronge son frein. La mécanique, explique-t-il, l'a fasciné un temps, mais ce temps-là est révolu ; les pilotes, vedettes bruyantes, chéris des photographes, sont à ses yeux des personnages goguenards et suffisants.

– Tu les connais tous ?

Comme souvent, je lui prends le bras.

– Mon éternel insatisfait.

1911

En janvier, ayant repris le volant de mon automobile, je m'en vais rendre visite à mes amis goguenards et suffisants sur le terrain d'Issy-les-Moulineaux, où l'on me reçoit avec les effusions attendues. Pendant quelques mois, je sillonne la capitale ; le 20 mai, me voici nommée officier d'académie par M. Théodore Steeg, ministre de l'Instruction publique et des Beaux-Arts. « Nous applaudissons à cette distinction bien méritée et les nombreux amis de la gracieuse aviatrice se réjouiront, avec nous, de cette marque d'estime que vient de lui décerner le gouvernement. »

« Quand la baronne de Laroche va-t-elle tutoyer de nouveau les nuages, se demande le chroniqueur d'un quotidien normand. Quand va-t-elle s'attaquer aux records, faire passer ce frisson si familier dans la foule ? »

De temps à autre, un journaliste m'écrit, parfois s'invite chez moi, flanqué d'un photographe, ou bien m'accompagne sur un terrain de banlieue dans l'espoir de me soutirer quelque information exclusive.

J'élude les questions trop précises. Brosse le tableau d'une aimable léthargie bourgeoise.

– Je prends mon temps, dis-je. Je m'occupe de mon fils, de mon père, je vois mes amis, je retrouve d'anciennes connaissances, je déjeune en famille chaque dimanche chez ma sœur, vous voulez savoir ce que nous mangeons ?

Charles reste dans les parages. Même si nous ne le formulons jamais clairement, il est évident, désormais, que notre relation n'ira pas plus loin. Une amitié amoureuse, plaisante ; nous nous en accommodons fort bien.

Le cas d'Augustin, que je me suis remise à fréquenter aussi régulièrement que possible, me préoccupe autrement : il traverse à présent une crise majeure, tissée d'obsessions mortifères (Paul-Victor aperçu à Istanbul ; Paul-Victor égorgé dans une ruelle de la montagne Sainte-Geneviève ; Paul-Victor qui lui a *parlé*, un soir), crise dont, non seulement, je me sens impuissante à le libérer mais qui, d'après le principal intéressé, m'est en grande partie imputable.

L'enfant de Montmartre est descendu de sa colline ; il s'habille en dandy, fume des cigares de petit marquis, se pique de divination, de tarologie, de mystique orientalisante. Depuis quelque temps, il fréquente un certain Maître Édouard, aussi, un peintre du Montparnasse de trente ans son aîné dont je ne peux m'empêcher de noter l'influence délétère. Sur un plan artistique, ledit Édouard, multipliant les alias autant pour distraire, prétend-il, une administration fiscale pusillanime, que pour échapper à de prétendus jeunes amants trop pressants, pratique un genre de fauvisme infusé d'influences océaniennes.

Les Magmatiques, la première série de peintures qu'Augustin a composée quelques années auparavant, et dont son nouveau protecteur a, à l'en croire, retrouvé la trace dans le grenier d'un galeriste « mal avisé », représente pour lui une œuvre de premier rang, dont il entend répandre la renommée à travers « le microcosme aveugle » de la critique. Impressionné par la culture de son mentor, et par ce qu'il est évidemment enclin à prendre pour un sens esthétique et une finesse de jugement hors pair, Augustin en est venu à reconsidérer l'ensemble de son parcours. Pourquoi a-t-il abandonné la peinture, clame le vieux birbe, pourquoi s'est-il fourvoyé dans la rédaction d'un stupide quotidien sportif ? La réponse coule de source : tout est la faute d'Élisa, de Raymonde-sous-les-cieux, « l'imbécile valeureuse », ainsi que m'a surnommée ce mufle. Augustin doit se détacher d'elle, se défaire de son aura pernicieuse !

Décontenancé, le pauvre garçon, qui éprouve encore pour ma personne une « lancinante affection » (ses termes), évoque la méfiance que j'inspire à son « patron ». Me défiant des conflits, et ne croyant pas que l'amitié, jamais, puisse faire l'objet d'un quelconque négoce, je réagis, après les protestations d'innocence d'usage, par un silence de pierre – prélude, qui sait, à un effacement définitif.

« Elle te manipule », répète Maître Édouard à son poulain. « Elle joue les victimes, les offensées, les délaissées, ne vois-tu pas à quel inepte chantage elle entend te soumettre ? » Le jeune homme cligne des yeux. Il ne voit pas, non. Il faut dire que je l'ai toujours soutenu, fût-ce de loin : il lui reste malaisé de prétendre le contraire, et plus encore d'imaginer que je veuille lui nuire.

Au mois de juin 1911, donnant brusquement sa démission à la rédaction de *L'Auto*, Augustin manque en venir aux mains avec le comptable du journal, qui l'accuse « de vol caractérisé, de malfaçons et de procédés humiliants ». Pour solde de tout compte, on accorde au querelleur une indemnité plus qu'honnête et on le raccompagne à la sortie, éructant et livide. Il boit trop, dorénavant, erre dans les quartiers interlopes, se bat, s'avilit. À trois reprises, ayant noué une amitié solide avec un influent préfet, je parviens à le faire sortir de cellule et à le ramener chez moi, tandis que de tièdes aurores se lèvent sur Paris. Il se débat ; me reproche de l'emprisonner, de l'étouffer. Je me sens impuissante. Un soir, sur le pont Marie, alors qu'une fois encore il m'accable de délirants reproches (« tu es un ange, oui, mais un ange sans substance, un ange qui ne connaît pas Dieu »), je l'arrête d'un geste, pose mes mains sur ses joues et, lentement, glisse ma langue entre ses lèvres, longuement, en experte, avant de le laisser, pantelant et désarmé, et de m'éloigner, sourde à ses appels – je voudrais, je crois, que ce baiser soit un adieu.

Henri Desgrange, avec qui je déjeune au début du mois d'août, me fait part de sa stupeur. Pendant des années, raconte-t-il, ce jeune homme discret et travailleur ne lui a apporté que des satisfactions.

– Jamais une anicroche, jamais un mot plus haut que l'autre. Humilité et sérieux, point. Il avait toujours ses crises d'endormissement, mais il avait appris, sinon à les traiter, du moins à les anticiper.

Après cela : la chute.

Le 3 juillet 1911, Augustin Berthomier est admis à la clinique Saint-Gratien, dans les hauteurs de Saint-Cloud. Le directeur de l'établissement, un certain docteur Armand Fontenoy, m'a été conseillé par une amie actrice dont il a, affirme-t-elle, « extirpé le frère de l'enfer ». Épuisé, le jeune homme n'oppose guère de résistance. L'entrée à Saint-Gratien lui est présentée comme une période de repos, de convalescence – une façon de juguler les troubles nerveux qui le minent, d'en finir avec le fantôme de Paul-Victor et des autres ; le sinistre Maître Édouard, brusquement parti dans les Balkans, poursuit cet été-là d'autres chimères.

Spécialisé dans les délires chroniques et hallucinatoires, dans les processus de dissociation et les mécanismes psychopathologiques dégénératifs, le docteur Fontenoy pratique une thérapie douce, basée sur l'analyse et la prescription de sédatifs naturels. Je le rencontre plusieurs fois, sans en glisser mot à mon protégé, règle une chambre pour trois mois, puis m'efface sur la pointe des pieds. « Te libérer, lui écris-je bientôt dans une lettre que, comme de juste, je ne lui enverrai pas, ce n'est pas donner libre cours à ta sauvagerie, à tes pulsions destructrices. Ce n'est pas non plus nier cette part qui te constitue. Pour te détacher de toi-même, tu dois d'abord accepter qui tu es, embrasser la dualité qui t'anime. Tu es un fou maussade et un docte qui s'ignore, Augustin. Tu goûtes, pour te fuir, la brutalité des mâles oublieux, tu aimes ce qui t'abîme, reléguant dans l'ombre le petit garçon apeuré et méprisé que tu fus, tout en aspirant à la quiétude de l'âme, à une forme de sainteté que tu estimes, pour toujours, hors de ta portée. »

Quelques semaines plus tard, le 14 août, Louis Léopold Thadome, mon ex-époux, père de mon fils unique, meurt dans son sommeil, victime en pleine nuit d'une attaque d'apoplexie dans un petit appartement du 171 rue de Sèvres qu'il occupait depuis deux mois. Je ne l'ai pas revu depuis mon accident, nous ne nous sommes écrit qu'épisodiquement au sujet d'André, je crois que je sentais venir ce moment. Je suis bien la seule : prise de court, écrasée de douleur, Marthe m'adresse un télégramme sans queue ni tête, dans lequel elle m'appelle « ma fille ». Sans attendre, elle fait transporter le corps dans l'appartement de la rue de Richelieu afin que les derniers hommages lui soient rendus. Le grand-père d'André, dont les facultés mentales commencent à s'émousser, erre telle une âme en peine entre sa chambre et le salon, serrant des mains qu'il ne connaît pas, posant sur le corps de son fils, en son cercueil, un regard où ne brille plus que par intermittence l'étincelle de jadis.

– Pourquoi tout ce raffut ? répète-t-il. Nous avons besoin de calme, nous avons besoin de réfléchir. Fermez donc les fenêtres !

Pour préserver André, je le ramène chez moi, à Billancourt, et le confie aux bons soins d'une vieille voisine qui s'est installée à demeure. L'enfant a huit ans ; il voyait peu son père, tous les six mois à peine, mais, de toute évidence, la nouvelle de sa mort l'a sévèrement affecté. Je repense à notre discussion, chez *Angelina*, à combien il doit se sentir seul, d'un coup. Notre voisine me raconte qu'il passe ses journées dans ma chambre, assis à la fenêtre, à regarder la Seine.

Le 16 août, à Bagneux, une pluie tiède fait luire les pavés quand Louis Thadome est porté en terre. L'épreuve de la cérémonie a été épargnée à son père et à son fils, mais sa mère est là, elle, secouée de sanglots incontrôlables sous un parapluie gris, et je me tiens non loin derrière, observant sans curiosité la foule des « amis » de mon ex-époux – des gens que, pour la plupart, je n'ai jamais vus.

André regagne son gourbi peu de temps après. Je l'ai emmené déjeuner au *Café de la Paix* avant cela, j'avais l'espoir de retrouver avec lui un semblant de complicité. L'espoir a été déçu.

Taquinant, du bout de sa fourchette, des morceaux du poisson à l'oseille que j'ai commandé pour lui, il fuit mon regard, tressaillant au moment où je pose ma main sur la sienne.

– Veux-tu venir habiter chez moi ? Ta grand-mère est épuisée, et ton grand-père…

Il lève les yeux.

– Je ne veux pas habiter chez toi. Je veux habiter *avec* toi. Mais ce n'est pas possible.

– Qui l'affirme ?

– Mamie Marthe. Tu vas voler encore.

– Je ne sais pas.

Un triste sourire passe sur son visage.

– Bien sûr que si. Parce que, sans ça, tu ferais quoi ?

Il attrape un morceau de pain dans la corbeille, le rompt en regardant une voiture passer sur le boulevard. Puis-je lui reprocher sa dureté, son indifférence ? Existe-t-il un moyen de rattraper le temps perdu ? Non. Je sais bien que non.

– Prendras-tu un dessert ?

Il mord son bout de pain, le mâche longuement, il est ailleurs.

– J'aimerais rentrer à la maison, finit-il par lâcher. Chez mamie Marthe.

Et que plus loin encore un avion s'égare

Roland Garros entre dans ma vie par effraction, comme on passe la jambe par l'encadrement d'une fenêtre. L'air afflue, un parfum d'aventure. « Un gredin de première », c'est ainsi que Charles Voisin me le présente. En 1909, âgé d'à peine plus de vingt ans, ce natif de l'île de La Réunion qui, comme tant d'autres, a d'abord tâté de la bicyclette, a assisté à la Grande Semaine d'aviation de la Champagne… et a décidé de devenir aviateur.

– C'était ça ou rien, explique-t-il lors d'un dîner, rue des Martyrs, et moi, comme tu le sais, je n'aime pas le rien.

– Alors tu as acheté une Demoiselle Santos-Dumont.

– La Tueuse d'homme, en personne ! tonne le jeune pilote, un brin éméché. Ça dérange qui ? J'étais en fonds, mais pas au point de me payer un Blériot. Vrai ! la Demoiselle me suffisait. Légère, maniable, dangereuse juste ce qu'il faut, histoire de ne pas s'endormir aux commandes… Le talon d'Achille, c'était son train d'atterrissage : fragile comme du verre, foutredieu ! Audemars m'a montré comment limiter les dégâts. Après ça ? Le Comité permanent des fêtes de Cholet, il y a un peu plus d'un an, où j'ai décroché mon brevet. Et puis, coup de bol : un Américain me repère, il m'engage, meeting de Belmont Park à New York. Bon, un fiasco comme un autre. Mais on s'est bien fendu la poire. Sur quoi j'ai retrouvé un jeune-vieux collègue, John Moisant. Franco-canadien. Et ça a été parti pour une tournée d'exhibitions à travers tout le pays. Puis au Mexique, à Cuba. Les Yankees m'appelaient le « Cloud Kisser ».

– Nous lisons les journaux, dis-je.

– *Elle* les lit, précise Charles en me montrant du doigt. Je me tiens, quant à moi, dans l'ignorance de ces frivolités.

– Et comment donc ! s'exclame Roland Garros en levant son verre de bourgogne. À la santé des affabulateurs – vous, moi, les gagnants du siècle à venir. Où en étais-je ?

– À Cuba, dis-je.

– Ah oui ! Retour sur le plancher des vaches. Le Paris-Madrid, le Paris-Rome et le Circuit européen, en 1911. Rien gagné, souvent deuxième. Mais attendez ! (Il plonge le nez dans sa tête de veau, en fait monter les parfums avec ses mains.) Bonn, et puis après, j'ai rencontré le grand Charles. (Main sur le cœur, l'intéressé s'incline.) À moi la gloire et les vins de garde !

– Et le record d'altitude, complète son compère, choquant son verre contre le sien. Monsieur vise les

4 000, pas moins. Il a déjà grimpé à plus de 3 000. Paraît qu'on ne respire plus, là-haut. Paraît qu'on est quelqu'un d'autre.

– Qui donc ? demandé-je, même si j'ai mon idée sur la question.

– Il faudrait que je réfléchisse à une réponse intelligente. Elle me viendra sûrement dans les nuages. M'aideras-tu ?

Je reprends une gorgée de vin. Le monde vu par cet homme…

Quelques jours plus tard, en Bretagne où il nous a emmenés, Charles et moi, Roland bat un record d'altitude en décollant de la plage de Cancale. 4 000 mètres, oui ! Le soir même, dans l'arrière-salle d'un restaurant de Saint-Malo, le jeune prodige commande six bouteilles de champagne, et nous rentrons à son hôtel en braillant sous les étoiles. Dans la pénombre, au pied des remparts, la main de Charles cherche la mienne. Sous le fouillis des draps blancs, cette nuit-là, il se perd en serments avinés, que j'aurai la grâce d'oublier sans délai. Et quand, le lendemain matin, j'ouvre les volets pour accueillir les vents de l'aube, je sais que l'amour de cet homme, dans toute sa beauté impatiente, n'est que la manifestation d'un phénomène autrement universel.

Peu de temps après, alors qu'accompagnés d'un journaliste nous rallions Dinard en voiture, le ciel, une nouvelle fois, s'assombrit. Pour éviter le lièvre qui surgit sous ses roues, l'impétueux aviateur donne un coup de volant trop brusque, et nous versons dans le fossé. Roland, qui est le premier à s'extraire, me tend la main comme si de rien n'était.

– Si cette demoiselle veut bien se donner la peine...

Il rit de bon cœur, si, époussetant sa veste, tandis que le journaliste, coincé à l'arrière, gémit encore en se frottant les tempes.

– Punaise ! ça ravigote, pas vrai ?

Assise sur le talus, jupons relevés, je toussote, sonnée. Charles, qui n'a rien non plus, vient en aide au journaliste.

– Voulez-vous que nous vous conduisions à l'hôpital ?

L'homme grimace un sourire, montre l'épave.

– Avec quoi ?

Je me relève, hume l'air tiède chargé d'embruns en me massant l'épaule. Rien de grave, écrira un reporter de *L'Aéro*, qui se trouvait ce jour-là dans les parages. De fait, je n'ai pas eu le temps d'avoir peur. Je ne prends jamais ce temps-là.

À Dinard, Roland Garros m'emmène galamment comme passagère, dix minutes au-dessus de la mer et des villas. C'est la première fois, depuis mon accident, que je reprends le chemin des airs : les revues spécialisées s'en réjouissent. « Mme la baronne a tenu à montrer toujours vivace son crâne amour des voyages aériens », écrit un responsable de rubrique. Rassemblés sur la plage, devant l'*Hôtel Royal*, les spectateurs acclament ce retour en grâce avec force bravos. Espiègle, tenant ferme le bras de mon ami, je laisse les photographes immortaliser l'instant.

– Vraiment, lui confié-je tandis que, suivis par une délégation d'officiels, nous prenons le chemin d'un restaurant de fruits de mer, ces quelques jours passés en Bretagne m'ont fait le plus grand bien – une vraie parenthèse enchantée, merci. Mon été a été quelque peu mouvementé.

– Charles m'a raconté, me répond l'aviateur, qui, pour une fois, paraît d'humeur sérieuse. Votre ex-mari, un enfant à charge... Les choix qui s'imposent à nous.

– Toute la question est là. Qui sommes-nous, en cette affaire ? Les artisans de notre malheur, ou les simples exécutants d'une volonté supérieure ?

Mon chevalier servant sourit, adressant un salut de convenance à un photographe qui, devant nous, marche à reculons.

– Charles ne m'avait jamais dit que vous pouviez être aussi pontifiante. Bon sang, j'ai une faim de loup. J'espère que vous aimez la langouste.

La parenthèse est promptement refermée. Le 16 septembre, Édouard Nieuport, l'un des énergiques fous volants dont j'ai fait la connaissance à Reims, perd la vie à Charny, non loin de Verdun, suite à un atterrissage mal négocié ; une bourrasque furieuse l'a surpris, l'appareil a piqué du nez, le crâne a violemment heurté le porte-cartes – hémorragie interne.

À Suresnes, d'où part l'imposant cortège funéraire, je retrouve quelques-uns des amis d'antan, Blériot, Bréguet, Audemars et d'autres encore. Certains, qui ne m'ont pas revue depuis mon accident, m'étreignent avec une vigueur inhabituelle. Mieux vaut ne pas trop penser à soi, sur le passage de la procession en route pour le Père-Lachaise, mieux vaut faire comme si de rien n'était : parler des vols, des meetings et des records à venir.

27 septembre

Mourmelon, allez donc ! une chambre d'hôtel nouvelle qui donne sur un jardin plein de chênes. Le vent se mêle de pluie, des feuilles arrachées tourbillonnent, déjà ! Aujourd'hui, j'ai crevé les nuages avec Farman.

1er décembre

Accompagné Charles à la gare Saint-Lazare. Train pour Cherbourg. Il part en Amérique, pour un an d'exhibitions, dit-il, plus ou moins. Garros et Audemars sont du voyage. Impression de perte irrémédiable, cauchemars à venir. Qu'à cela ne tienne, je boirai des tisanes.

Adieu, compagnons.

20 décembre

Salon de l'aéronautique. Grand Palais. Foule plus grande encore. Des enfants brandissent des stylographes, ils veulent une signature sur leur carnet. Je m'exécute ; au moins, je laisserai un souvenir.

Civilités diverses, « madame la mondaine ». Dîné avec Védrines qui m'a dit que je restais, à ses yeux, « une délicieuse énigme ».

1912

20 janvier

Vol au-dessus d'Issy et de Paris, avec René Simon. Me laisse prendre, pendant quelques minutes, les commandes de son Blériot. J'aurais pu ne jamais les lâcher. Foule clairsemée, journalistes soucieux. « Remonterez-vous ? Et votre jambe ? Etc. »

11 février

Repris l'entraînement à Juvisy. Acheté des gants d'alpiniste. Moqueries d'un technicien. « Ce n'est tout de même pas le pôle Nord ! » L'ai gentiment souffleté.

12 mars

La Vie au grand air, entrefilet. « Pourquoi veut-on cantonner les femmes dans les aérodromes ? »

« La baronne » dénonce le règlement de la coupe Femina. On tourne en rond, dis-je, un manège sans fin c'est dangereux, et cela ne nous permet en rien de faire étalage de nos qualités. Pourquoi réserver les parcours de ville à ville aux hommes ?

Ai écrit à Hélène Dutrieu, qui a remporté les deux dernières épreuves. « J'espère que vous ne trouverez rien, dans mon intervention, de nature à ternir le prestige que vous ont valu, à très juste titre, vos récentes victoires dans l'épreuve. (...) Veuillez agréer, madame, l'expression spontanée de mon admiration la plus sincère. »

Réponse reçue trois jours après. « Qu'est-ce que tu racontes ? » Je sais que, chacune de notre côté, en cette heure, rit fort et bien de ces gentilles billevesées.

1er avril

Antibes. Vol avec Simon. Nous nous posons en douceur sur le sable. Avant cela : mer miroitante, forêt de pins, le Cap, au loin, les montagnes derrière, féerie de printemps.

Nouvelles rares de Charles : reçu, la semaine dernière, par un ambassadeur à Boston. N'en sais guère plus.

Il mange des soupes de coquillages, raconte-t-il, le bol est creusé à même une énorme miche de pain.

Mon fils ne répond à mes lettres que par des cartes postales sibyllines, assurément dictées par sa grand-mère. Promenades, tableau d'honneur, Contact s'est fait mal à une patte, on lui a mis une attelle.

Quant à Augustin, m'affirme le docteur, il passe son temps à dormir, et pour l'heure, je n'en attends guère davantage de lui.

16 avril

Naufrage du *Titanic*. Indescriptible tragédie. Il faut pourtant tenter de dire.

Des insomnies me travaillent. Accès de faiblesse. Le médecin est passé. M'a prescrit des fortifiants. Puis, sur le seuil, faisant volte-face : « Puis-je vous demander un menu gribouillis ? C'est pour ma femme. »

18 avril

Fin du procès avec l'Office d'aviation. Me Benivisti a bien travaillé : ces aimables crapules n'auront pas les 8 000 francs qu'ils me réclamaient. Ce sont eux, au contraire, qui devront sortir le porte-monnaie : 10 000. J'en demandais le double mais je ne boude pas mon plaisir. Surtout : j'en ai fini avec cette triste affaire.

Charles à Chicago. André dans les Alpes. Augustin est sujet, me dit le docteur Fontenoy, à des crises d'épilepsie à répétition.

On ne peut pas compter sur les hommes.

29 avril

Assaut donné contre la planque de la bande à Bonnot dans un garage de Choisy-le-Roi. « Le misérable » a perdu la vie, raconte *L'Illustration* ; il n'est pas le seul. Les cieux vont-ils s'entrouvrir ?

Chute de Védrines, non loin d'Épinay-sur-Seine. Suis allée le visiter à l'hôpital Lariboisière. Commotion, annonce le docteur, délire et fatigue. Pas de fièvre, cependant, et pouls à 80.

Aviateurs et amis défilent. « Faites dire une messe », implore une jeune femme. Je lui presse le bras. Du calme, allons, je connais ces choses. Elle me scrute, ébahie. « Allez plutôt chercher un verre d'eau. »

18 mai

La Vie au grand air me demande mon avis sur les femmes et le sport ; je le lui livre donc. Parle des aviatrices américaines, de la solitude dans laquelle on nous enferme. Du manque ridicule de moyens et de reconnaissance, aussi. Tout cela reposant sur quoi, résultant de quoi ? Nous ne sommes pas des victimes, dis-je. Vos prévenances nous étouffent, et vos assauts de commisération nous ennuient.

4 juin

Paris. Promenade au bois de Boulogne avec André, qui voulait voir les cavaliers. Le soir, dîner avec Roland Garros. Moi qui pensais ne jamais... Exalté, il me raconte la jungle, la baie de Rio de Janeiro, il a pris des photos. Vol Santos-São Paulo, accueil triomphal ! L'Armée de l'air lui a fait des ronds de jambe. Semaine entière dédiée aux jeunes officiers. Baptêmes, festivités... Sous mon nez, fait défiler les pages d'un calepin où il a tout pris en notes. « Je pourrais tout à fait vivre là-bas », affirme-t-il. « Ils m'ont trouvé une maison ! »

Inévitablement, nous en venons à parler de Charles. Oui, dis-je, je sais qu'il est rentré, je l'ai revu : une fois, mais nous n'étions pas seuls, et nous n'avons guère eu le temps de bavarder. Non, je ne l'ai pas trouvé particulièrement changé. Il sourit. M'avoue que nous représentons pour lui un mystère. Je ne commente pas. Commande une île flottante.

La discussion porte ensuite sur le circuit Angers-Saumur-Cholet-Angers, les 16 et 17 juin prochains. Il y sera évidemment, il y aura du beau linge, aura-t-on le plaisir de m'y voir ?

Je lui dis que je viendrai.

27 septembre

Non !

Nous partons à Mâcon pour un rendez-vous important : un mécène fortuné que Charles tient absolument à me présenter. Léon Niche, mécanicien, nous accompagne, assis à l'arrière ; la torpédo Hispano-Suiza file joyeusement aux abords de Corcelles-en-Beaujolais, sur la route nationale, lorsqu'une Darracq surgit en sens inverse. Charles est occupé à me parler. Essayant de doubler une voiture de roulage, il ne voit l'autre véhicule que trop tard. Le choc est inévitable et le coup de volant, cette fois, inutile. Les roues avant de l'Hispano percutent celles de la Darracq puis, à droite, un tas de pierres dressé sur le bas-côté. Notre voiture s'envole, retombe plus loin, quoi, vingt mètres ? et s'enfonce dans un arbre. Quand les secours arrivent pour le désincarcérer, Charles ne bouge plus. Je reste, moi, consciente tout du long, et notre mécanicien aussi.

J'ai des douleurs au côté droit, je ne peux plus bouger mon pouce. « Léon ? Léon, qu'est-ce qui nous est arrivé ? » On me transporte au buffet de la gare de Belleville pour me prodiguer les premiers soins. À plusieurs reprises, je demande comment va Charles. J'ai bien vu qu'il ne remuait pas : je l'ai appelé, encore et encore, et puis ma voix s'est éteinte, un chant soudain privé d'air, et je me suis laissée lentement glisser au fond du silence. Mais maintenant ? Respire-t-il ? Une infirmière m'intime l'ordre de ne pas m'agiter. Charles Voisin a été conduit à l'hospice de Belleville ; son crâne a été perforé par les ferrures ; c'est terminé, madame, terminé.

Les journaux, comme prévu, entrent en ébullition. On rappelle le rôle prépondérant qu'a joué le cadet des frères Voisin dans le développement du secteur. On souligne son intrépidité, son énergie, ses fols enthousiasmes. « Le 15 mars 1907, rappelle un éditorialiste, à Bagatelle, cet aventurier sans crainte, hardi et volontaire, a accompli le premier vol mécanique sur un aéroplane muni d'un moteur à explosion. »

On évoque son voyage en Amérique du Sud avec Garros et Audemars, aussi, dont il était devenu le « manager », s'éloignant encore un peu plus de son frère. La liaison que nous entretenions, en revanche, est restée un secret.

Les obsèques civiles se tiennent deux jours plus tard, le 29 septembre – un dimanche –, à Neuville-sur-Saône, non loin de la rivière où, à en croire la chronique, les deux frères avaient procédé à leurs premières expériences avec des cerfs-volants.

Gabriel se tient là, mutique, Roland Garros est venu aussi, qui me soutient. Des mécaniciens, des anonymes, Audemars traînant les pieds en queue de cortège, la tête rentrée dans les épaules. Le cimetière se trouve en pleine campagne, au sommet d'une colline ; une pluie fine tombe sur les champs, sur le curé, sur tout.

Je rentre chez moi une semaine plus tard, pratiquement indemne. Nul mot ne s'échappe plus de mes lèvres.

– Mon Dieu, souffle ma sœur. Tu me fais peur.

Constatant mon état, elle a décidé de s'installer chez moi pour quelques jours. Elle me fait à manger. Nous parlons à peine. Le chien Contact passe de pièce en pièce, la queue basse. Resté chez sa grand-mère, André m'écrit un mot touchant, de sa belle graphie d'écolier. « Courage, ma chère maman. » Je plie la lettre, la range dans un tiroir, retombe sur le sofa. Jeanne s'installe à mon côté, caresse ma joue, « allons, allons », elle ne sait plus quoi inventer.

Sur la table du salon, une brochure est restée ouverte, consacrée à la quatrième Exposition de la locomotion aérienne, au Grand Palais. Déjà ! On dirait qu'un esprit furieux arrache les pages du calendrier et les lance au petit bonheur. Jeanne prend la brochure, la feuillette, me fait un semblant de lecture.

– Tu dois y aller, murmure-t-elle. C'est là que sont les tiens.

Je la dévisage, surprise. Les miens ?

– Je ne sais pas, dis-je. Cela fait plus d'un an que je ne sais pas. Je n'ai plus d'allant, plus de ressort. Chaque fois que j'essaie de reprendre mon envol, c'est comme si une main se plaquait sur moi et m'écrasait au sol. « Là est ta place. » Peut-être devrais-je prêter plus d'attention aux signes ?

Jeanne repose la brochure. Elle a tant de mal à me reconnaître dans cette jeune femme terne et désœuvrée, aux gestes lents, au regard éteint… Comment faire pour me rendre ma joie ?

– Je viendrai avec toi, si tu veux.

Par un samedi ensoleillé de novembre, au volant de mon automobile, je prends le chemin du Grand Palais.

Jeanne, finalement, n'est pas de la partie ; des affaires imprévues la retiennent à la boutique, et le petit Charles, mon neveu, souffre d'une toux mauvaise.

À mon entrée, des têtes se tournent, un murmure se répand. Un général que je ne connais pas vient me saluer. Des officiels s'inclinent, des élégantes en robe de mousseline et chapeau à plume. Au buffet, un ami pilote me présente officiellement Ernest Archdeacon, le fameux fondateur de l'Aéro-Club pour lequel Gabriel a travaillé, il y a si longtemps. Étonnant, que nous ne nous soyons jamais croisés !

Ernest parle beaucoup, avec de grands gestes. Il a récemment publié un ouvrage à la gloire de l'espéranto.

Aimerais-je le recevoir ? De la poche de son manteau, et sans attendre ma réponse, il tire un calepin pour noter mon adresse. L'ingénieur Louis Béchereau, un ami des frères Voisin et de Jules Védrines, vient, à son insu, me tirer de ce mauvais pas en me présentant, main sur le cœur, ses « sincères condoléances ». Il se trouvait aux Pays-Bas au moment du drame. « Il faut que je me rachète des mouchoirs. »

Le soir venu, Roland Garros m'emmène souper dans un restaurant de l'avenue Montaigne.

– J'ai entendu dire que tu allais faire un tour à Mourmelon.

D'un coin de serviette, je taquine la commissure de mes lèvres.

– Les nouvelles vont vite.

– J'ai discuté avec Roger Sommer. *Simple as that*.

– J'ignorais que tu le connaissais.

– Tu plaisantes ? C'est un compère. 1er août 1909, Châlons-sur-Marne : record du monde de la durée de vol. J'étais là, ma chère ! Cuite mémorable, et c'est moi qui dis ça ! Bref. Des liens ont été tissés. J'ai visité ses hangars, je sais que toi aussi. De la belle ouvrage, hein ? Il pourrait te faire franchir un cap, ce gars-là, ou deux. Ses biplans tiennent la route. Les temps changent, les cartes sont rebattues. Félicitations, en tout cas. J'ignore si c'est le terme approprié…

– Je pars dans quelques jours. Je me sens si vide, si creuse, si… rien. Je ne sais pas pourquoi j'y retourne, Roland.

– Parce que tu as ça dans le sang ?

– Je ne sais pas ce qu'est « ça ».

– Personne ne le sait. (Il lève un doigt vers le ciel nuiteux, de l'autre côté de la baie vitrée.) Et c'est là-haut que nous cherchons.

C'est donc à la mi-novembre 1912, près d'un an et demi après mon accident, que je reprends enfin les commandes d'un avion. *L'Auto* et les autres saluent ce retour, rendent hommage à mon courage, mettent en avant, une fois encore, mon « mépris du danger ». Je vole, dit-on, avec « audace et maîtrise ».

Je vole, pourrais-je ajouter, pour oublier ma tristesse, l'indescriptible sentiment de solitude qui, après le dîner, dans ma petite chambre d'hôtel, me saisit, au souvenir de Charles, bien sûr, mais aussi d'Augustin (qui, m'a-t-on dit, a quitté la clinique Saint-Gratien sans laisser d'adresse) et de mon André chéri, à qui j'écris aussi souvent que possible et qui, lui non plus, ne me répond pas.

Un vaste engourdissement me saisit. Veines gelées, masque de cire. De Reims à Charleville, dans les convulsions pourpres du soir, je vole, une heure durant parfois, engoncée dans mon passe-montagne, je m'étourdis de solitude, fermant les yeux dans les frimas et les vents, plus libre, plus « rien » que jamais. Sur le déroule-carte, une ligne rouge sang avance, imperturbable – ma vie ?

L'hiver approche. Un après-midi de décembre, profitant du beau temps, « madame la baronne », accompagnée d'un copilote, accomplit à bord d'un biplan Sommer moteur Renault 70 HP un périple inédit, passant par Reims, Épernay, Nogent-sur-Seine, Vitry-le-François, Châlons-sur-Marne avant un retour au Camp-de-Châlons.

Nous parcourons 290 kilomètres en trois heures et vingt minutes.

1913

En janvier 1913, le pays se réveille avec un nouveau président. Raymond Poincaré succède à Armand Fallières. Je repense à ce que me disait sa femme : « Tous ces messieurs si pleins d'eux-mêmes. » Pour une raison quelconque, mon oreiller est mouillé de larmes.

Estimant en avoir fini avec mon entraînement en Champagne, je mets le cap sur l'aérodrome de Buc, au sud de Versailles, où officient depuis quatre ans les frères Farman et Louis Blériot. Les lieux sont spectaculaires : non loin des installations existantes, une porte monumentale a été édifiée, annonçant l'école de pilotage nouvelle où se pressent, chaque jour, quantité d'aspirants. Henri Farman qui, il le répète, m'apprécie beaucoup, m'accueille en me prenant comme passagère pour un vol inaugural, à bord d'un appareil conçu selon ses plans. Plusieurs mois durant, il s'emploie à perfectionner mon apprentissage, souvent avec moi sur un biplan à double commande. Puis, au début de mai, aux manettes de cet appareil auquel je me suis bien habituée (9,50 m d'envergure, pour des pointes à

115 kilomètres à l'heure), je pars seule, décris une boucle de quelques kilomètres, et la conclus par un atterrissage parfaitement négocié, que les observateurs applaudissent chaudement. Quelques jours plus tard, je réitère.

La baronne de Laroche, écrit à cette occasion l'un des journalistes du quotidien *Gil Blas, qui, comme on le sait, s'entraîne maintenant sur Farman, pilote déjà avec une rare adresse ce biplan. Hier entre autres, il nous a été donné d'assister à un de ses beaux vols. Partie de Buc, elle a évolué pendant plus d'une heure sur la campagne à plus de 100 mètres de hauteur. La nuit l'a obligée à rentrer au nid et elle est venue se poser magistralement en un beau vol plané près des hangars. Nul doute que sous peu nous entendions parler des prouesses de la baronne de Laroche avec son biplan Farman.*

Je m'essaye, désormais, à des excursions de plus en plus longues, et m'entraîne au vol plané.

Le 27 mai au soir, tandis que je rentre chez moi, conduite par un certain Jacques Vial – pilote parisien avec qui je me suis liée d'amitié –, nouvel accident : au coin de l'avenue des Chantiers et de la rue de Noailles, notre véhicule heurte une voiture de livraison. Brutalement éjectés, moi et les autres passagers (nous sommes quatre) partons rouler à terre. Nous nous en tirons sans dommages. « Plus de peur que de mal », titrent les journaux. Pas de peur du tout, aurais-je pu préciser. Car c'est en observatrice détachée que j'assiste aux catastrophes dont je suis la victime ; une ombre postée dans un coin, curieuse mais peu concernée.

Contusionnée seulement, je m'octroie quelques jours de repos en ma villa mauresque. J'aurais souhaité que l'épisode reste secret mais cela n'a pas été le cas et pour (une fois de plus) rassurer ma sœur, je me fends d'une longue lettre précautionneuse. J'aurais pu, emportée par mon élan, coucher quelques mots sur les sentiments que commence à m'inspirer Jacques Vial, le fameux conducteur aux lèvres fines avec lequel je suis devenue « amie », semble-t-il ; mais, après mûre réflexion, il me semble plus prudent de n'en rien faire. Du reste, ce serait prendre un pari bien audacieux sur l'avenir. Des meetings s'annoncent, des courses de prestige auxquelles je désire prendre ma part. Jacques me courtise, c'est un fait, et je ne suis pas insensible à ses avances, mais j'ai décidé de laisser les choses venir.

Dès le 5 juin, je me remets à voler, et mon bon ami aussi, qui se plaît à accueillir moult passagers à bord de son Farman. Le soir venu, nous dînons avec nos camarades, et ces libations joyeuses ne nous trouvent jamais loin l'un de l'autre.

Oublie tout, Élisa. Oublie que tu t'appelles Élisa. Tu es Raymonde, tu es ta fille, tu ne crains rien, tu dois voler. Oublie que ton cœur est en cendres, que le berceau de tes rêves est vide, oublie les fantômes qui te hèlent au crépuscule, oublie que Louis est mort, que Charles est mort, que Chavez est mort, que Delagrange est mort, oublie que la faux s'abat sans relâche, sans logique ni merci, oublie que ton fils te connaît mal et que tu ne prends plus le temps de voir ton père, que les lettres de ta sœur sont trois fois plus longues que les tiennes, oublie que personne ne sait où se trouve Augustin, oublie que tu n'es pas venue au monde pour sauver les hommes.

8 juin

Juvisy : Garros-Audemars, et rien que ces deux-là. Tribunes pleines, jour de gala. Le match ? Poursuite de 50 kilomètres, concours de vitesse ascensionnelle, épreuve de figures. Pas de menu fretin derrière les barrières : romanciers, politiques, poètes, acteurs, savants, businessmen…

La presse glose sur la présence de Mlle Mistinguett. Découvre, semble-t-il, que nous sommes amies. Nos petites discussions, fort heureusement, demeurent privées.

Audemars l'emporte sous les vivats, et nous vidons des bouteilles de vin blanc. Voyage en automobile à travers la campagne. La petite vedette se serre contre moi. « Vous m'emmènerez ? » Emmener où ? Elle montre le ciel. « Là-haut. » Je ris. « Ah non, dis-je. Vous êtes trop précieuse. Je n'emmène que des hommes. »

29 juin

Juvisy encore. « Une rentrée sensationnelle ! » titre *L'Auto*. Quatre épreuves par grand beau temps. Oui ! C'est mon retour.

Mes mains sur les leviers, le ronronnement du moteur, comme monté des profondeurs. Salut confraternel vers les tribunes, et à moi le ciel. Le public trépigne, donne de la voix. Soudain, de nouveau, je suis au ciel.

Retour paisible. Rien gagné mais : nombreux et touchants témoignages d'affection. Une vraie fête.

7 juillet

À Buc, chez Farman. Vol prolongé au-dessus des plaines.

14 juillet

Meeting de la Ferté-Vidame. Je ne participe pas aux épreuves, mais on m'a demandé de voler quand même. Beaucoup d'enfants dans les gradins. Nuages de rêves. Mistinguett m'adresse un télégramme : « Pensées volages. »

18 juillet

Inscription au meeting de Granville. Vial sera là. On nous promet un « village d'indigènes marocains installés dans les campements de leur pays », un « festival de musique civile et militaire », un « congrès patriotique de boy-scouts », un « concours d'ambulanciers mariniers », une kermesse, des cerfs-volants, une fête de fleurs, un défilé de chiens de police, etc.

Ai demandé à André s'il voulait venir. Attends sa réponse.

19 juillet

À Buc. Je m'entraîne.

8 août

Arrivée hier à Granville avec Jacques Vial. Le meeting commence dans deux jours, et nous sommes venus « reconnaître » les lieux.

Les choses sont faites entre nous, elles ont été dites, mais je me tiens encore sur mes gardes. Mes sentiments doivent rester circonscrits, ne pas déborder sur l'intime. Il est une pièce secrète, en mon palais, une crypte des profondeurs où, chaque nuit, je viens me mettre à genoux. La statue de ma fille me toise sans aménité mais sans joie, un bouquet de genévrier pressé contre son sein : en l'attente. Comme tu es grande, maintenant ! « J'ai onze ans, maman. » Elle descend de son piédestal, monte les marches, je la suis dans les rues grises, jusqu'à la plage. Une vague monstrueuse se lève au loin. « La guerre arrive », murmure l'enfant. Je secoue la tête, effarée. Me réveille dans un grand cri. Jacques me prend dans ses bras.

– Ton cœur bat trop fort, murmure-t-il en regardant ailleurs.

– Quelle heure est-il ?

– Midi.

Nous descendons déjeuner. Jacques me prend le bras, comme on soutient une vieille dame. Aimer – puis-je aimer encore ?

Le restaurant donne sur la mer. La grande vitre zébrée de pluie raide. Nous mangeons du crabe, de la raie, de la sole.

Jacques debout aux aurores, radieux, torse nu, ou bien avachi en empereur dans la grande salle à manger, lisant le journal devant une corbeille de viennoiseries, ravi « quel bon vent vous amène ? ».

10 août

Évolution idyllique sur un hydroplane Henri-Farman-Gnôme. Sensations neuves, délicieuses ! Malgré un vent coriace, j'ai plané en liberté au-dessus de la mer, vers les belles îles Chausey. Ai lâché les commandes, à un moment, me suis penchée, en pamoison. Rien, là-haut, ne m'atteint, parce qu'il n'y a plus de « moi ». Joyaux gris-brun enchâssés dans une mer aux bordures turquoise. Navires nombreux près de la côte, les gens agitent des drapeaux. Suis revenue amerrir paisiblement. La foule était au rendez-vous.

Soir, nuit, aube : Jacques.

13 août

Perdu une fortune au casino. Nous nous amusons beaucoup. Le soir, main dans la main sur la plage.

André n'est pas venu. Carte de ma sœur : ils sont dans les Alpes, il y a de l'orage, Contact est valide. « À quoi penses-tu ? » me demande Jacques. Suis incapable de répondre.

16 août

Nouvelle sortie, acclamations, mais le cœur, étrangement, n'y est plus.

Ai reçu un singe du ciel. Plutôt : Mistinguett m'a offert un petit primate. Sada est son nom. Il vient d'Asie, me confie-t-elle. Il est avec nous depuis deux jours. Charmant désastre ambulant.

Au premier matin, la femme de chambre s'enfuit en poussant des cris perçants : Sada, sur son fauteuil, une banane en main. « Eh bien quoi ? » Un forban de première classe. Jacques s'est mis au cigare. Regarde l'animal s'accrocher au rideau ; puis courir sur la rambarde. « Ah, ricane-t-il, la vie de famille, j'adore ! »

12 septembre

Jacques est parti. Seule dans la villa avec mon singe idiot. Il me faudra confier cet animal : Contact ne l'aime pas, ma sœur encore moins – « toi et tes lubies ! ».

13 septembre

Au jardin du Luxembourg avec mon garçon.

– Tu vas te remarier ?

Je baisse les yeux sur lui.

– Encore une fable. Laisse-moi deviner...

– Tante Jeanne.

– Tante Jeanne va toujours trop vite en besogne. Avec qui convolerais-je donc ?

– Un aviateur. Un homme qui vit dans le danger.

À un stand, près des grilles, je lui achète une pomme d'amour. Il la grignote pensivement tandis que nous descendons le boulevard.

– Et l'école ?

– Les autres savent qui tu es.

– Les autres ?

– Les garçons de ma classe. Il y en a un qui était à Granville.

– Oh.

– Il a parlé à tout le monde.

– En bien, j'espère.

– Tu as toujours le singe ?

– Pour l'instant.

Il secoue la tête. Est-il déçu ? Désemparé ? Ah, nous nous connaissons si peu. Gentiment, je lui presse la main.

– Il faudrait que nous passions plus de temps ensemble, tu ne crois pas ? Nous pourrions aller au spectacle. Ou au zoo. Tu aimes le zoo ?

– Comme ci, comme ça.

17 octobre

Mourmelon. Entraînement pour la coupe Femina. Ai pris la femme de l'aviateur Léon Bathiat à mon bord. Charmante demoiselle, volontaire, courageuse. Peu de temps avant le départ, elle me confie son épuisement nerveux. « Chaque fois qu'il me dit "au revoir", j'entends "adieu". Je voulais dire "adieu" moi aussi, au moins une fois. » Je ris, lui dis que je ne lui promets rien. Elle s'attache solidement, lève un pouce. « Faites au mieux, déclare-t-elle, ce sera toujours assez. »

Finalement, vol sans histoire, sinon la nôtre. Confidence à l'atterrissage : le jour où, dans les Ardennes, Léon s'est élancé pour battre le record du monde de vitesse de Védrines, en janvier 1912, elle s'est dit qu'elle devait le quitter, absolument. « Puis son coucou s'est posé, il est sorti, m'a cherchée du regard et, quand il a couru pour me serrer dans ses bras, je l'avoue sans honte : j'ai tout oublié. »

23 octobre

Accident sur la route de Suippe, non loin de Mourmelon. Mme Bathiat est avec moi lorsqu'en sens inverse, un chauffeur perd le contrôle de son véhicule, qui va s'écraser contre un mur. Nous descendons, courons en relevant nos jupons. De la fumée s'élève de l'épave, des râles aussi, la voiture s'est renversée dans un fossé, nous faisons mander un médecin. Résultat ? Le conducteur est indemne mais son mécanicien est blessé à la tête, gravement, sans doute. Nuit horrible à l'hôtel après cela. Redressée dans mon lit, j'écoute la pluie d'automne tambouriner sur le toit. Qui sont les miens ? À quoi sert de voler ? Je songe à ma sœur, à mon fils, à tous ceux qui mènent l'existence que les âmes honnêtes sont censées mener. Je songe à Augustin, aussi, abandonné je-ne-sais-où, fouillant les abymes à la recherche de son moi en fragments. Je songe à ma fille, qui secoue la tête. « Ne suis-je partie que pour que tu veuilles me rejoindre ? » Assis dans mon fauteuil, le singe Sada tripote une coquille vide. Ses petites billes noires me fixent, anxieuses, menaçantes, qui sait ? Je tends une main vers lui, il la contemple avec mépris, se détourne. Tout cela dans une pénombre de mine. Personne ne m'entendrait si je venais à pleurer.

29 octobre

Entraînement, encore. M'efforce de ne pas penser. Le passé ne sert à rien, le futur n'existe que dans mon esprit.

Un objectif très simple m'anime : remporter la coupe Femina. Tout mon être est tendu vers ce but, mes compétences mobilisées, ma volonté bandée comme un arc.

Le 10 novembre 1913 à Châlons, m'élançant dans l'aube encombrée de brume et de grisaille au volant de mon fidèle Farman, baronne en majesté, toute héroïne, je pulvérise le record de distance détenu par une femme : 323,5 km, au terme d'un vol de quatre heures. J'aurais pu voler deux heures encore, affirmé-je aux journalistes, mais mon pointeau d'essence donnant des signes de faiblesse, j'ai jugé plus prudent de m'arrêter. Mme Pallier, ma dauphine, n'a, de toute manière, couvert que 280 kilomètres. L'objectif est atteint : la coupe Femina me revient de plein droit, je repars auréolée des records de distance et de durée et la presse, ébahie, célèbre l'exploit à sa juste mesure.

La baronne est une miraculée, répètent les journalistes, longtemps, on a cru qu'elle ne volerait plus, mazette, quelle perte cela aurait été !

Regagnant mon hangar, escortée par mes mécaniciens et amis, je ferme les yeux. Des jours durant, des semaines, j'ai volé en automate, sans me soucier du froid et de la solitude.

À présent, il est temps de rentrer à Paris.

Bientôt, la cinquième Exposition internationale de la locomotion aérienne, où j'ai mes habitudes, va ouvrir ses portes au Grand Palais. Mes admirateurs m'attendent devant le stand Farman.

1914-1918

En avril 1914, tandis que le roi George et la reine Mary terminent leur visite à Paris, je monte dans le train pour Seyssel. Sur la banquette d'en face : mon fils, mon chien, mon singe.

Mon père vieillit, mais avec grâce. Passées les premières heures du jour, nous montons à l'assaut des collines. André, qui tient Sada en laisse, marche devant en sifflotant, fauchant les herbes hautes avec un bâton. Il y a des aurores de grand froid, encore. Au loin, la crête des monts sertis d'une neige inviolée. Grondement lointain : une avalanche ? Puis le silence, l'air bleu. Dodelinant de la tête, mon père me prend le bras.

– Ça me fait bien plaisir de te voir.

– J'essaie de voler du temps, mon petit papa.

– C'est mieux que voler tout court. (Je plisse les yeux.) Je sais. Ta sœur Jeanne m'envoie tous les articles.

– Elle doit mieux connaître ma vie que moi.

– J'ai lu celui de *L'Auto*. « Une femme peut-elle conduire une auto ? » Ce devait être en janvier. « Les yeux du courage et de l'intrépidité. » Et toi : « Les seules fois où j'ai eu un accident, ce n'était pas moi qui conduisais. »

– J'ai dit ça ?

– Je ne sais pas si tu l'as dit, mais ils l'ont écrit. Ils t'aiment beaucoup, apparemment.

– Ce sont des fidèles. De vieux amis d'air et de route. Depuis le temps.

Mon père ramasse un bâton, le lance au loin devant Contact, qui va le chercher sans se presser.

– Ce chien est trop parisien.

Je souris. André, qui s'est arrêté devant une rivière, plonge sa main dans l'onde vive, tout en retenant Sada par sa laisse. Surpris, il se tourne vers nous.

– Ouh ! Glacé !

Le patriarche lève le menton vers le sommet.

– Ça vient de là-haut, mon grand. La pureté. (Puis, se retournant vers moi.) Jeanne m'a dit que tu avais encore enterré quelqu'un. (Que répondre ?) Ton ami Hubert Latham. N'était-ce pas en janvier ?

Je hoche la tête, écarte une bûche du chemin.

– Il était parti en Afrique. Il y a presque deux ans. Il traversait le bush avec des porteurs. Un safari, aux environs de Fort-Archambault. Il a disparu comme ça.

– Que lui est-il arrivé ?

– Son corps a été retrouvé quelque temps plus tard. L'enquête officielle a conclu à un accident, mais on a de bonnes raisons de penser qu'elle a été bâclée.

– Je vois. Enfin non, je ne vois pas.

– Des militaires ont évoqué une blessure au crâne : une balle, probablement. Pas une attaque d'animal sauvage, en tout cas. D'autres mentionnent un buffle blessé, des rivalités tribales, des problèmes avec les boys…

– Et ?

– Et rien : les expertises ont pris du temps, trop de temps. Ensuite, il a fallu procéder au rapatriement de la dépouille. Les funérailles ont eu lieu au Havre et, oui, c'était en janvier. J'ai oublié de t'en parler.

– Vrai.

– Hélas, mon petit papa… (Je lève vers lui un regard désolé.) Si je te tenais au courant de tous les enterrements auxquels je suis conviée…

Il me contemple gravement :

– C'est bien ce qui me taraude. (Puis, repartant d'un pas plus lent.) Et ton ami… Alexandre, c'est ça ?

– Augustin.

– Ah oui : le petit peintre. Est-il tiré d'affaire ?

– Je ne crois pas. Il est parti de la clinique dans laquelle je lui avais trouvé une place, mais personne ne sait où il est allé.

– Il ne t'a jamais écrit ?

– J'aimerais assez qu'on parle d'autre chose, mon petit papa. (André longe la rivière, le singe Sada sautille, s'arrêtant de temps à autre, furetant dans l'herbe mouillée à la recherche d'on ne sait quoi.) Pardon, je ne voulais pas être brutale ; mais ça me rend très triste, tu comprends ? J'ai longtemps cru que je parviendrais un jour à le sauver de lui-même. Seulement, je ne sais pas s'il existe un « lui-même », et lui aussi l'ignore. C'est un être déchiré. Peut-être parlons-nous d'une maladie incurable.

Les yeux rivés sur le bout du chemin, mon père me prend par l'épaule.

– Tu veux toujours sauver les autres, mais quand est-ce que tu penses à toi ? Mon cœur se serre chaque fois que je te sais dans le ciel. J'imagine que c'est plus dangereux encore que ça en a l'air.

– Ça l'est de moins en moins.

– Mais des gens meurent. Des camarades, n'est-ce pas ? Des amis. Combien en as-tu perdu, déjà ? Combien as-tu failli en perdre ? Je ne te parle même pas de ton propre accident. J'ai de l'admiration pour eux, pour vous, je ne veux pas le nier. Ils vont là-haut pour la science, et nous pouvons nous figurer un avenir lointain où voler ne sera pas plus dangereux que, je ne sais pas, prendre un bain ? Quand c'est de toi qu'il s'agit, cependant, c'est autre chose. Et il n'est pas question que de mes tourments. Tu as une famille, Élisa !

Oui, je sais : un fils, une sœur, un père… La fin m'échappe. Doucement, je me suis détachée de lui pour aller rejoindre André. Le chien me suit, curieux, mais il se tient à distance respectable, car il se méfie du singe en laisse. Penchée vers André, je murmure quelques mots à son oreille, et son visage s'éclaire ; il glisse sa main dans la mienne. « Contact ? » L'animal tourne la tête vers lui, qui a ramassé un bâton tout neuf, puis le rejoint à petites foulées souples. Dans le ciel de printemps, un aigle pousse un cri d'alarme.

La guerre. Deux coups de feu, corps avachis, plaies mortelles, des cris dans la foule, puis chaos de menaces, d'admonestations, de funestes malentendus. Très vite, comme si « on » n'avait attendu que cela, « on » entreprend de fourbir ses armes. Il y a quelque chose de tristement démoniaque dans l'éclosion de ce « on »-là.

Plus à reculer, désormais. Les fortifications sont prêtes. Des canons lourds défient le ciel, des cuirassés s'avancent sur les eaux mornes. Noires, les passions enflent, débordent, comme un fleuve sort de son lit.

Et tout s'emballe. Autriche-Hongrie contre Serbie. Allemagne contre Russie. Royaume-Uni contre Allemagne. La veille, le 3 août 1914, cette même Allemagne déclare la guerre à la France. Sur les quais de gare, on agite des mouchoirs. Une tragédie est en passe de s'écrire, un lied de sang, de boue et de gaz, mais personne ne semble le comprendre encore : les sourires des soldats, les postures des généraux, les titres des journaux : la pièce entière sonne faux. « Désastre » est son nom.

À Châlons, où je me trouve au moment fatidique, le chef du centre d'aviation nous annonce, à moi et à d'autres, que nos appareils vont être réquisitionnés. Mandaté par des autorités supérieures, un pilote impassible prend possession de mon Farman et décolle une heure plus tard. Direction Saint-Cyr, nous dit-on.

C'est un jour de grand beau temps. Le pas traînant, le regard vide, je regagne notre hangar, où un ingénieur s'empresse de tirer une chaise à mon intention. Je me laisse choir, absente. L'homme me tend un verre de citronnade, que je vide d'un trait.

– Qu'allez-vous faire, maintenant ?

– Ce que je pourrai.

Mon choix ? Rester sur le terrain de Mourmelon pour travailler avec des ingénieurs. J'ouvre grand les volets de ma chambre (je vis à présent chez Jacques Vial, dans un appartement de la rue Coquebert, ma sœur m'héberge lorsque je monte à Paris) quand, à une trentaine de kilomètres de là, en ce 19 septembre 1914, des obus provenant des batteries allemandes installées au fort de Berru commencent à pleuvoir sur Reims. Après une brève accalmie, en fin de matinée, le pilonnage reprend sur les coups de midi et, à 15 heures, un obus endommage l'échafaudage en bois de pin qui, depuis plus d'un an, ceinture la tour nord de la cathédrale. Le feu prend immédiatement. Une demi-heure plus tard, la toiture entière s'embrase et les Allemands, qui voient l'édifice partir en flammes, reçoivent l'ordre de cesser le feu. Trop tard : la chaleur a fait fondre les 400 tonnes de feuilles de plomb, lequel, devenu liquide, se répand sur les voûtes et commence à couler par les gargouilles, faisant monter dans l'air des volutes jaune d'or. À quinze heures cinquante, l'échafaudage s'effondre sur le parvis, et une épaisse fumée s'élève des décombres. L'incendie de la charpente, lui, se poursuit jusqu'aux environs de vingt heures, mais ce n'est que le lendemain matin, en découvrant les journaux, que je prends pleinement conscience de la catastrophe. Des télégrammes jonchent mon secrétaire. Jacques Vial m'exhorte fermement à quitter les lieux. Ma sœur aussi, qui dit « devenir folle ». La mort dans l'âme, j'entreprends de vider mon armoire. Je me vois priant, devant l'autel rouge et doré de la chapelle du Sacré-Cœur. Que tombe sur moi le feu du ciel.

Je rentre à Paris. À présent, dis-je à la cantonade, j'ai besoin de rester auprès de mon fils. Je loue un appartement au 5 rue des Belles-Feuilles, à deux pas de la place Longchamp, dans le XVIe arrondissement. J'ai sollicité des autorités militaires l'autorisation de rejoindre une escadrille de pilotes, mais cette « faveur » m'a été refusée.

– J'entends qu'on ne nous laisse pas combattre, me plains-je auprès de ma sœur, mais nous pourrions être utiles à d'autres tâches. L'essai des appareils ? Leur rapatriement ? L'enseignement ? Je suis diplômée depuis bien plus longtemps que la plupart des pilotes aujourd'hui appelés sous les drapeaux.

– Et Jacques ?

– Jacques attend son ordre d'affectation.

Allongé sur le parquet, Contact bâille trois fois. Nous sommes en décembre, la nuit enveloppe déjà la capitale, des flocons volettent, hésitants, dans l'haleine brunâtre des lampadaires. Dans le grand salon, nous avons pris nos quartiers. Moi sur le nouveau sofa, indolente, Jeanne enfoncée dans son fauteuil de cuir favori, qui vient de reposer une tasse de thé sur son guéridon. Clément, son époux, a quitté l'atelier et a rejoint l'Armée en tant que photographe. A priori, il est à l'abri.

– Si je comprends bien, reprend ma sœur, ta décision est prise : tu vas te marier encore.

– Et pourquoi pas ?

– Misère.

Il est vrai que je ne donne pas les gages d'un transport amoureux des plus vifs. Si j'ai souvent parlé de Jacques à ma sœur, c'était plutôt comme d'un ami, d'une bonne âme, d'un rempart contre la solitude. Coïncidence intéressante : j'ai découvert qu'il était le neveu de Jean Worms, l'un de mes confrères acteurs.

– Où vous installerez-vous ?

– Meudon, sans doute. Une maison de ville, avec vue sur Paris. C'est lui qui s'en occupe.

Jeanne acquiesce. Une douce tristesse s'est installée. Toute la guerre durant, ma chère sœur présidera aux destinées des ateliers Hitier, acquittant les factures, maintenant tant bien que mal la boutique à flot.

Ce soir-là, je rentre chez moi en voiture, seule. Agrippée à mon volant, j'essuie mes larmes sans renifler. Il a été entendu que je prendrai mon fils chez moi chaque samedi et, une fois par semaine, m'en irai dîner chez ma belle-mère. Une neige grumeleuse s'agglomère sur mon pare-brise. Que faire ?

Que faire, mon ami ? Je te parle comme si tu te tenais à mon côté, serré contre moi sur la banquette de l'un de nos vieux cafés de la place des Vosges, mais je ne sais même pas si tu es encore en vie. Que faire ? L'Armée ne veut pas des femmes. Nous sommes des fleurs passives et fluettes, destinées à l'attente, condamnées à l'angoisse.

Je suis résolue de partir vers le front ; j'aiderai si je le peux, si on me laisse agir. Je tiendrai des mains bleuies, caresserai des visages mangés de terreur. Des jeunes gens demanderont leur mère, le front fiévreux, brûlant. Je sais déjà tout cela, je *vois* cela : on m'a raconté la laideur de la guerre, les mensonges qu'il faudra proférer.

Je vais me marier, Augustin. Il est fougueux, plein de douceur, veule aussi, comme le sont souvent les hommes, mais qu'importe. J'ai besoin que l'on m'attende. Besoin de sentir un corps dans mon lit, une présence. J'ai l'impression que le monde se démantèle, que la fabrique des choses se fissure. J'ai toujours rêvé de légèreté, toujours appelé le vide fécond de mes vœux, et me voici condamnée à la terre.

Et toi, où es-tu ?

J'ai senti ton âme, l'autre nuit. Je t'écrivais, je t'écrivais sans relâche, et mes lettres flottaient sur la mer, ballotées, et la mer buvait leur encre.

Tu m'avais dit ta haine de la guerre, de toute violence. Ton mépris de l'autorité et des dogmes. Je t'imagine en Afrique, en Amérique, réinventé, ton corps halé sur le sable, sortant des eaux pures, lavé, béni.

Je te parle de ma chambre, le soir tombe comme une enclume, et je me sens plus désarmée que jamais. Loin, mon fils. Loin, ma sœur et mon père. Nos solitudes palpitent, insectes affolés attendant la brûlure fatale du Grand Tout.

Es-tu devenu celui que tu souhaitais être, Augustin ? As-tu réuni en toi tes deux âmes ? Je te voudrais près de moi. Tu me dirais les mers traversées et je prendrais tes doigts, les baiserais l'un après l'autre, la paix nous envelopperait, et je t'emmènerais là-haut.

Augustin Berthomier se trouve à Marseille lorsque la guerre est déclarée. Il travaille sur les docks mais s'enivre dès la tombée du jour. Au mois de septembre 1914, il s'embarque pour les îles Marquises, et arrive à Hiva Oa, là où est mort Paul Gauguin (la première chose qu'il fait en arrivant là-bas est de se rendre au cimetière communal et de s'agenouiller devant sa tombe). Il nage dans une eau transparente, dort des jours entiers, rencontre un sorcier. Au même moment, à plus de 14 000 kilomètres de là, une jeunesse sacrifiée s'abîme dans les tranchées de l'Est. Des hommes montent à l'assaut des ravines et sont fauchés en pleine course, criblés de feu, propulsés dans la grisaille. Les mois passent. Les heures, les siècles. Le sorcier entraîne Augustin vers les profondeurs de l'île, les cascades et les grottes, l'astreint à des jeûnes sévères. En son cœur, l'enfant de jadis s'efforce de mortifier tout désir. L'âme ardente qui l'a habité s'étiole ; il lui faut céder à l'ombre, s'attaquer au sauvage en lui. Parfois, il rêve encore. De Paris, de sa vie d'avant. Se réveille haletant. Une image persiste. Une figure bienveillante, un sourire, un murmure. « Élisa. »

Est-ce cela, pleurer ? Je rêve de lui, moi aussi, deux, trois, quatre fois par an et, toujours, me réveille le cœur battant, paupières meurtries ; j'ai la conviction profonde qu'il est vivant, quelque part, je veux croire que nous nous reverrons un jour, mais je n'ai aucune prise sur ces choses, et j'ai déjà bien assez à faire.

La guerre tourne au jeu de massacre ; mon existence part à vau-l'eau. Dans ma villa du chemin des lacets, dans les hauteurs de Meudon, je regarde, par la fenêtre, les nuages tant aimés s'enfuir et se défaire. Notre bonheur, à Jacques et à moi, n'aura duré que quelques mois. Il a voulu partir, lui aussi, mais on l'a affecté à la réparation des avions, sur le terrain d'Issy, et l'inaction le rend fou. Bientôt, il se met à boire, et ne met plus les pieds chez nous.

Plutôt que de l'attendre, je reprends un train pour Reims. J'aide, quelque temps, à la clinique du docteur Roussel, celle-là même où j'ai été si bien soignée.

Une pluie d'obus incendiaires tombe sur la ville. Plaintes de sirènes, courses précipitées, des femmes, des vieillards, des enfants, apportés sur des brancards, l'eau bouillante se teinte d'écarlate…

Un jour, une bombe pulvérise la maison voisine. Assis au milieu de son jardin ravagé, sur une chaise en fer, le docteur, qui n'a jamais fumé de sa vie, tête un cigare mal coupé tandis que je m'avance.

– Rentrez chez vous, lâche-t-il sans me regarder. Ça n'en finira jamais.

– Non.

Son épouse est morte, l'une de ses bonnes sœurs s'est pendue, il lève sur moi un regard hébété.

– Vous avez un fils, allons. Un mari.

Je ris.

– Seulement un fils.

Je m'en retourne pour finir. Jacques a envoyé des papiers pour notre séparation. En février 1917, par voie de presse, il avertit « le public et les commerçants » qu'il ne réglera aucune des dettes passées ou à venir de Mme Vial, née Élisa Deroche, dite « baronne Raymonde de Laroche ». Je chiffonne la page du journal et la jette au feu. Assis devant la cheminée, caressé par ma fille, le chien Contact relève la tête ; il est mort l'année précédente d'une intoxication alimentaire. Je me suis débarrassée du singe aussi, confié par ma sœur à la ménagerie d'un cirque – pas trouvé la force de m'en charger moi-même. Ne restent que le silence, les journées de solitude, la neige fondue sur les vitres. Une amie a aperçu Jacques, du côté des Tuileries, au bras d'une « cocotte ». Le divorce sera prononcé avant l'automne. Il va falloir déménager encore. Cela tombe bien, si l'on peut dire. J'ai repéré un modeste appartement, quai de Passy. À proximité des terrains d'aviation, des rares amis que j'ai encore, de ceux qui ne sont pas partis à la guerre, de ceux qui, comme Georges Guynemer, n'y sont pas définitivement restés.

J'ai revendu ma voiture, me suis débarrassée de tout le superflu. Je passe, désormais, l'essentiel de mon temps avec ma sœur et mon fils. Jeanne est éreintée, qui tient la boutique à bout de bras. Il arrive que je m'installe chez elle pour lui prêter main-forte. Parfois, j'y demeure des semaines entières.

Une fois tous les trois mois, nous descendons dans les Alpes en train. Appuyé sur sa canne, notre père nous attend sur le perron. Il garde bon pied bon œil, nous disons-nous, épluche chaque jour les quotidiens à la recherche de bonnes nouvelles. La France va gagner cette guerre à l'usure : c'est ce qu'il nous répète.

Au front, Clément Hitier, son gendre, semble relativement épargné. À en croire ses lettres, il n'a pas connu l'horreur des tranchées – pas, du moins, en première ligne. Il est stationné dans l'Oise. À la fin de l'année 1917, il se voit décoré de la croix de guerre. Jeanne ne sait que faire du télégramme. « Sois fière ! » lui disent ses amies en lui pressant les mains.

– La bravoure ne se nourrit que de malheur, lâche-t-elle.

Comment pourrais-je la contredire ? Elle s'exhorte à la joie, tâche de faire bonne figure. Mais dans les plaines de la nuit, je le sais, son esprit galope sans harnais. Son regard humide, ses mains aux ombres craintives. Tant de mères, de sœurs, d'épouses endeuillées déjà !

Et nous qui sommes là, à nous tordre les doigts. Et eux qui reposent dans la fange.

– Et même s'il revient… Dans quel état vais-je le retrouver ?

Nos cœurs s'arrêtent quand les pas du facteur résonnent dans le hall. Pas chez moi, s'il vous plaît. Pas chez moi.

André, qui est maintenant un jeune homme, commence à présenter des signes d'angoisse. Combien de temps vont durer les hostilités ? Que se passera-t-il s'il atteint l'âge de partir au front ? Sa tante et son grand-père s'efforcent de le rassurer.

– Ce sera bientôt terminé. Les Allemands reculent, c'est une question de mois, tout au plus.

Debout devant la fenêtre, le garçon ramène ses bras sur lui et frissonne. Et moi qui ne dis rien.

L'Allemagne ne capitule qu'un an plus tard. Une éternité d'angoisse et de questions et puis, comme un rideau noir déchiré : la délivrance. « Gloire aux héros immortels ! » titre *Le Matin*. Plus loin, on célèbre « La victoire en chantant ! » Mais pour devenir immortel, il faut bien être mort, non ? Et puis, quel air nous reste-t-il à chanter ?

On feint de se réjouir, malgré tout. Il faut bien, puisque nous avons *gagné*. Gagné quoi ? On arrange les fleurs au balcon, on brique l'argenterie, on tisse des banderoles. Clément est rentré indemne, mais ne se montre guère dissert. Une maison aux volets clos : tel est son visage. « Il va lui falloir du temps », plaide Jeanne, le couvant du regard, s'efforçant de masquer son soulagement.

Sur la grande terre mouillée, partout, des amis ont chu, des fils d'amis, des frères, des pères. Devant une icône de la Vierge, posée sur le buffet, ma sœur se signe chaque matin, murmure des remerciements serviles.

André est entré au lycée. Il travaille dur, et reste semblable à lui-même : poli, discret, distant.

– As-tu des amis, au moins ?

Épaules rentrées. Il lit Stevenson et Melville, a réparé une bicyclette tout seul dans un coin d'atelier, joue au football au pied de la tour Eiffel.

Tous les dimanches, je l'emmène au musée, parfois au théâtre, quand des pièces joyeuses sont données. Toujours, je quête son regard, et ma main éconduite erre dans la pénombre. Il me répète qu'il va bien.

Au Louvre, un matin, nous rencontrons Ambroise Vollard qui, jambes écartées devant un tableau de Léonard de Vinci, suçote l'embout de sa pipe éteinte. Je tire André par la main.

– Viens, je vais te présenter.

La Vierge, l'Enfant Jésus et sainte Anne : tel est le nom du tableau. L'enfant Jésus attrape un agneau et se tourne vers sa mère, qui le contemple avec un triste sourire.

– Bonjour.

Vollard se retourne, arraché à sa rêverie.

– Tiens. La petite messagère des dieux.

– Pourquoi m'appelez-vous comme ça ?

– Vous préférez casse-cou ? Hussarde ? Je suis vos exploits, figurez-vous. La dernière fois que nous nous sommes croisés...

– C'était il y a, quoi ? Une quinzaine d'années ? Au *Cabaret du Ciel*, boulevard de Clichy, près de la gueule de l'Enfer. La façade blanc et bleu, petites étoiles électriques, clignotantes. Vous vous rappelez ?

Il sourit.

– Saperlotte ! Ça me revient, maintenant que vous en parlez. Porcus, cette espèce d'énorme cochon doré, à l'entrée ! Il fallait lui laisser une offrande ; je crois que vous aviez déposé un avion en papier argenté.

– Vraiment ?

On me presse la main. Je tire mon fils contre moi.

– Voici André, dis-je. Mon unique.

Vollard nous considère, goguenard.

– C'est un refuge, ici, pas vrai ? Vestige des jours bénis, avant que nos chers poilus se fassent réduire en charpie. (Il pointe sa pipe vers le tableau.) Voyez-vous comme les montagnes baignent le ciel au loin ? On dirait que l'air s'est alourdi, qu'il s'est solidifié même, pour inventer les lacs, les glaces, le monde. Il y a le bleu des ciels, et le bleu des cieux, la différence est particulière. Vois-tu de quoi je parle, André ? (Mon fils opine. Vollard poursuit.) Le bleu est la dernière couleur que l'on voit avant de mourir. L'ailleurs intangible, auquel nos âmes aspirent. « Se noyer dans le bleu du ciel »... Qui a écrit cela, déjà ? (Il pointe l'arête sévère des montagnes.) Le brun des entrailles, et puis le ciel offert : l'infini, le vrai. (Mon fils est libre : je me frictionne comme je peux. Vaste frisson de la vie.) Ils n'ont toujours pas mis le chauffage.

Je secoue la tête.

– Il y a autre chose.

– Autre chose ?

– Derrière le bleu. Derrière l'illusion érigée par le dogme.

Longuement, tête penchée, il me considère.

– Continuez.

– Je ne saurais..., bredouillé-je, c'est simplement... (Puis, reprenant le bras de mon fils.) Pardonnez-moi, je ne sais pas pourquoi je me suis engagée sur cette voie. Avez-vous des nouvelles d'Augustin ?

1919

À l'est, on répare les ponts, on ôte les corps – quand ils ne sont pas mêlés à la boue. Une jeune fille attend, assise au milieu d'une petite ville en ruine. Presque une adulte, désormais. Elle va, sur un chemin bordé d'herbes folles où gisent des carcasses de chevaux. Le ciel est plus que noir, il vomit quelque chose. J'attends, au coin d'une église pulvérisée. J'attends qu'elle arrive et me dise. Elle ne sourit pas : jamais. Elle ouvre la bouche, et le son muet qui s'en échappe me réveille.

À présent, je passe de moins en moins de temps chez ma sœur. L'hiver taciturne tapote ses bottes sur le seuil. Déjà, il a étendu son manteau blanc sur Meudon. Je reste à ma fenêtre, écarte mes doigts sur le carreau froid, regarde la trace s'effacer doucement. Le toc-toc-toc de l'horloge emplit toute la maison. Traces de corbeau sur la neige.

Un matin de la fin de janvier, je décroche mon manteau de laine et mon bonnet, et reprends le chemin des terrains d'aviation d'Issy. Il est plus que temps.

Deux jours plus tôt, aux manettes d'un Caudron biplan G3 qui a rendu de grands services durant la guerre, mon ami Jules Védrines s'est posé sur le toit des Galeries Lafayette à Paris. Les dirigeants du magasin avaient mis les pilotes au défi : 25 000 francs à celui qui accomplirait cet exploit imbécile. La guerre avait empêché les plus chevronnés de donner suite. Le 19 janvier, Jules a décollé d'Issy, après qu'un brouillard tenace s'est dissipé. Les cages d'ascenseur ont mis un terme à sa course.

C'est à bord de ce même Caudron que, le 21 avril 1919, j'effectue mes premiers vols d'après-guerre. Au même moment, et aux commandes du même appareil, Jules et son mécanicien, qui ont prévu de gagner Rome depuis Paris, s'écrasent à Saint-Rambert-d'Albon, dans la Drôme. Ils sont tués sur le coup.

J'apprends la nouvelle en rentrant chez moi. Assise au bord de mon lit, je ne bouge plus. Dans le miroir de mon armoire, une étrangère moque ma solitude.

Les funérailles sont grandioses. Parti de la gare de Lyon, le cortège, censé rallier le cimetière de Pantin, grandit à chaque carrefour. Tête baissée, j'avance parmi les anonymes. Ma vie se résume à une suite d'hommages et de cérémonies. Mes compagnons d'aventure disparaissent l'un après l'autre, points de suspension sur la feuille du ciel. Mon mouchoir est sec. Ils sont partis plus haut, me murmure mon cœur, laissant le monde. Libres et joyeux au-dessus de la mer.

Je repense aux paroles du marchand d'art sur le bleu, la plénitude du bleu. Il y a autre chose, par-delà ce bleu.

Un blanc dense et sans fin, la promesse d'une délivrance. C'est cela que je cherche, depuis le commencement. Non seulement la contemplation, non seulement la hauteur, mais le Tout qui défait l'âme et l'habite. Je suis la fille du Blanc. Il me tarde de ne plus faire qu'un avec Lui.

Des journalistes, qui me suivent à la trace, mendient mes confidences.

– Vous préparez une folie ?

Je me détourne, presse le pas. Au mois de juin, *Le Matin* mentionne, à mon endroit, « un projet intéressant pour les prochains jours ».

Nombre de mes collègues ont déjà repris le chemin des terrains. Des exploits menacent.

Le 6 juin 1919, à huit heures trente-huit du matin, je prends mon envol aux commandes de mon petit Caudron habituel. Le vent souffle nord-ouest, le ciel menace de se couvrir, il ne fait encore que 16 degrés. Il est dix heures vingt-sept quand l'appareil revient se poser au sol. Des mécaniciens m'aident à descendre. Le barographe-enregistreur indique 3 900 mètres : record féminin d'altitude anéanti.

Devant les journalistes, j'explique que j'ai volé jusqu'à Chartres. Quand le ciel s'est assombri, je suis redescendue, perçant la couche des nuages, et j'ai retrouvé mon chemin en suivant la voie ferrée.

Six jours plus tard, me voici repartie. Cette fois, j'ai décollé en soirée, peu après dix-neuf heures. Une brume me force à redescendre. Mon biplan se pose à Gastins, en Seine-et-Marne, au beau milieu d'un champ de trèfles qui, relève un journal, appartient par héritage au pape Léon XIII, lequel en a hérité d'une marquise. Le crépuscule s'avance telle une vague. Le compteur indique 4 800 mètres. Dans la nuit naissante, je reprends les commandes et, malgré un vent contraire, gagne le terrain d'Issy en moins de deux heures.

Et trace dans l'éther
un éternel sillon

J'ai, à présent, l'intention de m'attaquer au record de la durée. Je vais rejoindre la baie de Somme, expliqué-je à la presse : Le Crotoy, où se trouvent les ateliers des frères Caudron.

Le train avance en cahotant. Le journal me tombe des mains. Sommeil... Un rêve me hante. Mon avion plonge dans la mer, couteau fendant la chair. Mais ce n'est pas la mer. C'est le ciel, inversé. Tout est sens dessus dessous. Au-delà du rien : le blanc. Mon âme se diffracte, s'étire jusqu'à disparaître. Je suis la fin que je convoite. Il n'y a plus ni mort ni substance.

J'ouvre les yeux en grand. Un préposé me secoue l'épaule. Nous arrivons. Je replie mon journal. Devant la gare, une voiture m'attend. On me conduit à l'hôtel, où deux journalistes de *L'Auto* guettaient mon arrivée. D'humeur querelleuse, je fustige les conditions d'homologation des records féminins. Pour quelque obscure raison, mon vol à 4 900 mètres n'a pas été « reconnu », alors même que les journaux spécialisés s'en sont fait largement l'écho.

– J'ai donc travaillé en pure perte et je vous autorise à dire que je n'en suis pas contente.

Et puis quoi ? D'autres ambitions me tiraillent. La coupe Femina, dont je reste la dernière détentrice en date, ne semble pas hors de portée.

La veille de mon départ, sur le terrain d'Issy, et tandis que je pose pour des photographes, une silhouette me toise, devant mon hangar. Je mets ma main en paravent. Se pourrait-il... ?

Je hâte la séance, rejoins le visiteur. Chemise blanche, veste légère, il me regarde approcher sans bouger. Je m'arrête à un mètre de lui. Il a changé, terriblement et, pourtant, il est le même.

– Je te croyais mort..., murmuré-je.

– Pas si loin de la vérité.

Me tournant le dos, il entre dans le hangar, avise un Caudron biplace, s'installe sur le siège passager.

Je le rejoins, monte à l'avant, me retourne.

– Laisse-moi te regarder.

Il a minci, beaucoup, les traits de son visage semblent taillés à la serpe, il porte les cheveux mi-longs, façon bohème, et une barbe fine ombre ses joues. Son regard brûle d'un feu étrange. Possédé, décidé-je. Ou libéré, au contraire. Détruit ? Je secoue doucement la tête.

– Où es-tu donc allé ?

– Loin. Retourne-toi, Élisa.

J'obéis.

– Huit ans que nous ne nous sommes vus.

Autour de nous, le silence. Les derniers mécaniciens ont quitté le hangar. Il commence à raconter. Ses paroles résonnent sous la voûte. Il évoque Marseille, les îles. Loin, en effet, très loin. Il est descendu en lui-même comme on se laisse glisser au fond d'un puits, et il a attendu, espérant que quelque chose le dépouillerait de lui-même pour le rendre à une vie nouvelle. Il fallait, sentait-il, qu'il se défasse de ses peaux d'antan, et il lui semble y être parvenu : le peintre est parti, s'est désagrégé. L'acharné priapique, le démon de l'obscur – tout ceci s'est résolu dans un bouillonnement de désolation. Il a presque cessé de se nourrir, a recueilli l'eau des sources entre ses mains en coupe. Il a dormi, beaucoup. A attendu : patient, présent.

– Mes crises de narcolepsie ont cessé. N'est-ce pas un signe ?

– Je ne sais pas.

– Je me suis réveillé un matin, j'ai marché sur la plage, seul, et j'ai eu le sentiment que tout était fini.

– Tout ?

– C'était comme être passé de l'autre côté de la vie. Mais ce n'était pas la mort, non, c'était autre chose. Tu comprends ? Mon âme s'était détachée de mon corps et elle était tombée dans la mer, tel un morceau de falaise. Je ne ressentais ni peur ni tristesse – aucune émotion particulière. Simplement, j'étais. Un pas devant l'autre, je respirais, voilà tout.

– Et aujourd'hui ?

Il cligne des yeux, je crois. Du poing, se frappe doucement la poitrine.

– Un Augustin très simple habite en mon for. Débarrassé de son double sauvage. Je ne peux plus souffrir, Élisa. Je ne peux plus m'abandonner à la mystique, regarder les flammes en face, voir en toi un ange. C'était de la folie.

– Mais tu n'en as pas fini encore.

– Fini avec quoi ?

– Avec toi.

Il renifle.

– J'ai vu la tombe de Paul-Victor, à propos. À Vitry-le-François. En définitive, il est revenu mourir là-bas. La syphilis. Tout ce temps passé à l'imaginer.

Je laisse passer un long silence avant de lui répondre. Bien sûr, je suis heureuse de le trouver en vie. Je n'ai cessé de penser à lui, je m'étais résignée à la foi – non en Dieu, mais en un principe supérieur.

– Tu le sais, dis-je, parce tu me connais, parce que tu m'as connue : la tristesse n'a guère de place dans ma vie. Ou bien elle la prend toute. Je ne suis qu'une femme, c'est ce qu'on dit, « Oh, comme elle est courageuse ! Comme son sourire est charmant ! Elle veut voler ? Grand bien lui fasse ! » Je me suis battue, toujours, j'ai répondu à l'incroyance par l'exploit, aux préjugés par les faits. Mais quand tu es parti, quand j'ai perdu ta trace… J'ai eu l'impression de t'avoir fait défaut. Je voulais te sauver, et je me suis dit que j'avais échoué. Là-dessus, la guerre est arrivée. Je ne volais plus, je ne voyais plus rien des sommets. Seule, au sol, avec mon pauvre esprit pour unique compagnon. À présent, tu es revenu, et je me dis que tout n'est peut-être pas terminé.

Augustin reste coi. Lentement, je me retourne, prête à l'affronter. Il se détourne.

– Tu te crois arrivé à bon port. Tu penses t'être débarrassé des oripeaux de la nuit. Mais il y a deux toi-même, Augustin, et tu ne tueras pas l'un en glorifiant l'autre. Il faut mourir pleinement pour renaître. Allons, regarde-moi !

Timidement, il relève le menton.

– Tu as tant fait pour me sauver, bredouille-t-il.

Je souris – cela ne m'était plus arrivé depuis longtemps.

– Sais-tu pour quelle raison je me suis laissé appeler la baronne ? (Il secoue la tête.) Parce que moi aussi, je suis duelle. Élisa sur terre, aux appétits modestes : une femme de son temps. Épouse contrariée, mère insuffisante. Et puis, avide de ciels : Raymonde l'aventurière, la chasseuse de records. Fière, forte, un exemple pour ses sœurs. Les deux en moi coexistent, Augustin, et la baronne les emmène au-dessus des nuages. Là-haut, je deviens une, parce que je ne suis plus rien. Et c'est seulement ainsi que je peux frôler l'absolu.

Sans sommation, je mets le moteur de l'appareil en route.

– Qu'est-ce que tu fais ? Arrête !

Je ne l'écoute pas : tapote les compteurs, relève les manettes, décidée.

– On me demande toujours ce qui existe, là-haut, qu'on ne trouve pas ici. Je peux bien te le dire, à toi : le monde s'abolit. Les morts filent en liberté. Le vent dans tes oreilles ? C'est leur mémoire qui chante. Le passé et l'avenir mêlés en un souffle.

Dans un lent grondement, je fais sortir l'avion du hangar. Arc-bouté sur son siège, Augustin hurle, mais il est trop tard. Déjà, l'avion prend de la vitesse et son nez frémissant espère le parfum des cimes.

Les roues quittent le sol. Levier au poing, j'ai, comme toujours, fermé les yeux au moment du décollage. Mon ami crie et supplie, j'ignore son vacarme. Il est à moi, à présent : après toutes ces années. Je vais lui montrer. Il va comprendre.

Au bout de quelques minutes, le Caudron file déjà à plusieurs centaines de mètres d'altitude.

Paris à mes pieds. La tour Eiffel, là-bas, les flèches et les dômes, la mer des toits de zinc. Et les champs, plus loin encore, les douces déclivités, l'amertume immense des bois.

Nous traversons des nuages, nous enfonçons dans un blanc laiteux, dans un rien puissant où les sens et les perspectives s'effilochent.

Il n'y a plus de combat, dans l'océan des nuées. Les mortifications ne servent de rien, pas plus que les grandes pensées, les résolutions, les théories. Le ciel vous berce ; vous ne pouvez que vous en remettre à lui.

Ce que je crois, Augustin ? Là-haut, plus rien : et c'est ce rien qui me constitue, ce rien qui me libère.

Toute ta vie, tu t'es battu contre toi-même. Dans les profondeurs, dans les convulsions de la terre, dans le feu des passions funestes, tu te cherchais et puis tu te fuyais, tu en étais venu à penser que seul l'anéantissement pouvait te délivrer.

Mais il y a plus simple encore que la mort.

Quand nous atterrissons, une demi-heure plus tard, des mécaniciens se précipitent, s'agitent, autour de mon appareil. On me morigène, m'accable de questions. Pourquoi n'ai-je pas prévenu ? Cette sortie est contraire à toutes les réglementations, à tous les accords...

Je me retourne. Tête renversée, Augustin dort d'un sommeil incoercible. Il faut l'extirper du cockpit. On lui tapote les joues, on lui présente des sels, on l'emmène au loin, sur un lit de fortune, un médecin a été dépêché. Le pouls, la température : les constantes sont normales. Pour autant, impossible de le réveiller.

On le transfère : dans une clinique de Meudon, où plusieurs aviateurs ont déjà séjourné. Des journalistes m'interrogent. Je les congédie. Émile Fournier, l'ingénieur en chef, vient me trouver.

– Bon Dieu, Raymonde, sauf votre respect ! que s'est-il passé ? Vous ne pouvez pas vous contenter de sourire ainsi. Cet homme n'avait jamais volé, pas vrai ?

Je secoue la tête. On m'apporte un tabouret, je me laisse tomber. Nous avons volé à plus de 2 000 mètres d'altitude, dis-je, c'est ce qu'indiquaient les appareils. C'est haut, mais pas de quoi en faire un fromage.

Inutile de s'inquiéter. Cet homme est un ami, je le connais. Oui, il est sujet à des crises de narcolepsie, mais non, sa vie n'était pas en danger.

– J'ai besoin d'une tasse de café fort.

L'ingénieur secoue la tête.

– Quoi ? Pas de café, lâche-t-il, nada, plus rien. Sacré nom… Vous êtes ici depuis toujours, vous connaissez le règlement par cœur, vous l'avez toujours respecté à la lettre ! Je ne comprends pas. Je vous jure que je ne comprends pas.

Je hausse les épaules. Planté devant moi, bras croisés, Fournier se tortille la moustache, on dirait qu'il attend des excuses. Mais je regarde ailleurs.

– Ne parlez pas de moi, avais-je déclaré à la presse quelques jours plus tôt. Attendez que je sois au Crotoy et je vous promets que vous aurez quelque chose à dire.

C'est une ligne à laquelle je suis résolue de me tenir.

Le programme qui m'attend est chargé : vols d'essai et de reconnaissance. Il faut que je m'imprègne de la topographie des lieux.

Le 18 juillet au matin, j'embarque avec un aviateur de la maison – un certain Barrault – pour un vol de repérage au-dessus de la baie. Des anonymes se sont rassemblés sur la jetée pour assister au décollage. Le temps est clair, mon humeur est légère. Mais je ne suis pas aux commandes.

Barrault met les gaz, lève un pouce et, plein d'entrain, se retourne. Derrière ses lunettes, je ne distingue pas ses yeux, mais je devine le pétillement, la joie perpétuelle. Lentement, nous prenons de l'altitude, et je songe à Augustin, sur son lit de douleur, et je ferme les yeux pour être plus près de lui, et le moteur, soudain, fait un bruit bizarre. Ça pétarade, ça secoue. Ça hurle un peu, aussi. Si peu, si loin. Le ciel gris, il me semble, vire au bleu céleste, puis au blanc : un blanc qui contient tout. Il n'y a plus grand-chose de nous, là-haut, les oiseaux sont de pierre, le vent crie avec nous. Longuement, avec une patience d'architecte, une main immense réorganise le monde, et je crois bien que je n'en fais déjà plus partie. Barrault s'agite, lâche des mots fous que je n'entends pas, vomit sa peur, un goût de sang remonte dans ma gorge et –

Ce matin-là, dans sa clinique du parc de Meudon, Augustin Berthomier, qui s'est réveillé en sursaut, tire comme un damné sur le cordon de la sonnette. Une infirmière aux cheveux gris entre d'un pas vif, tapote son oreiller, le force à se recoucher.

– Allons, allons, tenez-vous tranquille !

Elle lui tend un verre d'eau (il ne boit qu'une gorgée) puis s'en va quérir un médecin. Assis à son chevet, celui-ci – front haut, cheveux ras – feuillette un carnet de notes, comme s'il voulait s'assurer de ne rien omettre. M. Berthomier est monté dans un avion piloté par la baronne de Laroche. L'avion a décollé : il était, alors, tout à fait conscient. Sauf qu'à l'atterrissage, une trentaine de minutes plus tard, on l'a trouvé endormi, plus qu'endormi, même : plongé dans un sommeil cataleptique dont il s'est avéré impossible de le sortir. On l'a transféré ici, dans l'attente qu'il se réveille.

– Et voilà ! conclut le médecin en refermant son carnet.

Sur son oreiller, Augustin secoue la tête. Quel jour est-on ? Le 18 juillet. Vendredi. Et la baronne de Laroche, où est-elle ? Le docteur se relève. Au Crotoy, lui dit-il. Elle se prépare pour une compétition, il est en contact régulier avec elle, elle demande de ses nouvelles deux fois par jour, elle va sûrement se manifester tantôt.

Augustin exhale un long souffle. La porte de sa chambre s'est refermée. Ainsi soit-il. Sans tarder, il replonge dans le sommeil mais, quand il revient à lui, deux heures plus tard, il se rend compte qu'il a oublié de poser une question essentielle. S'est-il déjà réveillé, avant cette conversation ? Il se redresse, ouvre le tiroir de sa table de nuit. Il n'a pas la moindre idée de ce qu'il fait mais, oui : il y a bien un cahier, dans le tiroir. Exactement comme dans son… rêve ?

Un cahier, qui gisait sur le fauteuil de l'avion, au moment du décollage : de cela, il se rappelle parfaitement.

Il l'ouvre. Tourne la page. Un croquis y figure. Un homme coupé en deux, dans le sens de la hauteur. Mi-sauvage, mi-garçon sage. Et plus rien après ça.

Il se lève. Ses jambes peuvent à peine le porter, mais il parvient à gagner l'armoire où sont rangés ses vêtements, et se retient à la poignée.

Il faut qu'il sorte. Il faut qu'il aille la trouver, et qu'il lui dise. Il a tant de choses à lui dire !

Il rafle un pantalon de toile, une chemise, et se rassied sur son lit. Bientôt, il pourra partir. Bientôt...

Peu de temps après, comme avertie par quelque pressentiment, une vieille infirmière ouvre la porte et reste figée sur le seuil.

– Sainte mère de Dieu.

Augustin n'a réussi qu'à enfiler sa chemise, et elle est boutonnée de travers. L'infirmière défait ce qui a été fait, lui prend son cahier des mains et le force à se rallonger. Il gémit. Elle lui tamponne le front d'une compresse.

Il ne sort pas ce jour-là.

Le médecin, qui lui a administré de nouveaux sédatifs, préconise un repos prolongé. Trois ou quatre jours encore. Il quitte la chambre, rejoint son bureau. Sous la forme d'un télégramme laconique, la nouvelle de l'accident de la Baronne l'y attend. Il n'en informe pas tout de suite son malade ; il craint pour ses nerfs.

Le 20 juillet au matin, de la fenêtre ouverte du premier étage de la clinique, un grand cri s'échappe.

Sur l'oreiller, une tête retombe ; des poings se serrent, un tremblement advient, des infirmières s'agitent. Comme on bascule dans un gouffre, Augustin s'offre au grand sommeil.

– Pouls régulier, commente le médecin de garde appelé à son chevet. Fièvre légère.

Une injection est prescrite. L'aiguille s'enfonce dans la chair et Augustin tressaille ; des songes démesurés l'envahissent.

Il se réveille douze heures plus tard. Au soir du mardi 22, on l'autorise à quitter l'établissement. Après quelques pas, il s'arrête, scrute les nuages, se dirige vers un kiosque à journaux.

Dans le train qui le mène à Paris, Augustin regarde le paysage défiler par la fenêtre – sa série plate et obscène de figures, de décors. Tout est factice, fabriqué. Tout sent l'inachevé.

C'est terminé, se dit-il, mon Dieu, alors que lui rêvait d'infinis commencements ! Il avait prévu de courir la rejoindre, de la serrer dans ses bras, de l'embrasser, enfin. Je suis vivant, vivant ! Emmène-moi, élève-moi !

Au lieu de quoi : le sable, les vagues, le ciel noir.

Les funérailles ont lieu en l'église Notre-Dame-de-Grâce de Passy.

Il s'y présente, anonyme, son cahier sous le bras, mille et une pages blanches.

De l'accident, il n'a rien su, rien compris – pas plus, du reste, que les autres témoins. Après un vol sans accroc, l'avion est subitement tombé en vrille. Une aile a touché le sol, la structure s'est disloquée, la baronne est morte sur le coup. L'aviateur Barrault a, lui aussi, succombé à ses blessures.

Augustin ferme les yeux. Femme-oiseau tissée de vent et des rêves, âme légère, délivrée des pesanteurs de l'incarnation.

Cimetière du Père-Lachaise.

Toute la famille est là – André, qui conduit la procession, Charles, Jeanne, accompagnée de son époux et de son fils.

– S'il vous plaît. Écartez-vous.

Gentiment, on se bouscule pour laisser sortir le cortège au son d'une symphonie plaintive.

Le char disparaît sous des couronnes de fleurs spectaculaires. « À ma mère chérie », « À la plus courageuse des femmes ».

Comme elle aurait détesté cela, se dit Augustin, chiffonnant son béret. Comme nous aurions ricané.

Désormais sortent les amis. Jeanne Herveux, René Caudron, Edmond Audemars, Léon Bathiat et tant d'autres. Les sentinelles, les survivants, ceux qui vivront, voleront, ceux qui voudront bien encore…

Le cortège rejoint la 92e division. Un poème est déclamé, « Oiseau béni » d'Alfred Forest, sur une musique de Casimir Renard. « Un aéroplane passait sur le vieux Strasbourg… » Au milieu de la foule, Augustin se tient droit, digne, stupéfait. Devant la tombe, le marquis Guy de Boishebert, doyen des pilotes de guerre, habitué à ces cérémonies, se fend du panégyrique attendu. « Comme tant d'autres avant elle, la baronne a donné sa vie au progrès. À la France. »

Frappé par l'inanité du discours, Augustin secoue la tête. Il en a assez entendu. Personne n'a rien vu.

Je suis là, pourtant, il le sait. Une rafale, l'œil d'un corbeau, une fleur éclose. Je suis là, partout, et je le regarde et il me voit, levant les yeux au ciel. S'il ne me voyait pas, il pleurerait comme les autres.

Personne, à ce jour, ne me connaît. Personne, hors ma fille, ne m'a jamais comprise – ni mes deux maris, ni mon père, ni mon fils, ni lui-même – ou trop tard.

Trop tard.

Sans attendre la fin de la cérémonie, Augustin fuit soudain la tristesse, descend une grande allée, traverse le boulevard de Ménilmontant, pousse la porte d'un café et se met à écrire jusqu'au soir. Après quoi, ayant dîné d'un simple potage, il se trouve une petite chambre d'hôtel et continue à s'échiner jusqu'à ne plus rien y voir.

Il ne s'arrête que trois jours et trois nuits plus tard, à bout de forces ; une cinquantaine de pages ont été noircies.

Il se relit au matin. Il est question d'invisible, de soleil, d'ange parti, d'ailes brûlées. Il arrache les feuilles, les chiffonne, les jette. Qui comprendrait ?

Au quatrième jour, il prend le chemin de la clinique Saint-Gratien, à Saint-Cloud. Il n'a plus un sou en poche, et ses pensées s'embrument.

Las ! le docteur Fontenoy, lui apprend-on, le brave homme qui s'est occupé de lui avant la guerre, n'est plus de ce monde. Son successeur, à qui son cas n'inspire pas grand-chose, l'oriente vers un confrère qui a pris les rênes d'un dispensaire à Sézanne, en Champagne. Augustin connaît Sézanne, l'une de ses tantes y habitait ; Vitry-le-François n'est situé qu'à une soixantaine de kilomètres.

Son père est mort ; il écrit à sa mère une lettre sans passion. Il est sans ressources, à bout de forces, il a besoin de son aide.

La pauvre femme ne lui propose pas, comme il l'a craint un instant, de venir habiter chez elle. Elle lui envoie un mandat ; c'est presque un miracle. Quelques semaines plus tard, alors que, déjà, il a pris ses quartiers au dispensaire, un notaire parisien lui fait savoir qu'une certaine Élisa Deroche l'a couché sur son testament et lui a légué une somme conséquente. Son fils André ne tarde pas à entrer en contact avec lui. Sans surprise, il conteste la donation. Sa mère, argue-t-il, n'avait plus toute sa raison au moment où elle a rédigé cette lettre.

Une bataille judiciaire s'ensuit, qui s'étire sur plusieurs années. Puis André meurt, à vingt-quatre ans – un accident, faut-il croire, on retrouve son corps au fond d'un ravin et, dans son poing serré, une photo froissée, gribouillée de noir – il meurt, donc, et son grand-père propose un arrangement. Augustin accepte ; sa propre mère ferme les yeux quelques mois plus tard. Son avenir – sur le plan financier du moins – est assuré pour un temps. Bientôt, il sombre dans une crise profonde.

CODA

Quand Augustin Berthomier émerge enfin du brouillard, comme on sort du *Cabaret de l'Enfer*, la dernière page du calendrier de l'année 1939 a été arrachée, et pas moins de trois directeurs se sont succédé à la tête du dispensaire.

Il attrape une feuille, un crayon, écrit quelques chiffres. Vingt et un ans sans moi. Huit ans de présence, huit ans d'absence. Puis, de nouveau, vingt et un an.

Il repose le crayon. Symétrie absolue. Dualité parfaite. En lui l'homme et la bête.

« Vingt et un ans »… réalise-t-il, abasourdi, figé sur un banc du parc, tandis qu'une pie-grièche piquette le gazon à ses pieds. « Vingt et un ans sans elle ! » Mais, après tout, n'en a-t-il pas vécu vingt et un autres avant de me connaître ?

Ce qu'il a fait de tout ce temps, il ne se le rappelle guère. Il pose des questions ; on lui raconte. Il était libre de ses mouvements. Parfois alerte, volubile, actif, s'absentant pendant des semaines. À d'autres moments, grognant et bavouillant tel un pourceau, incapable de prendre soin de lui-même.

Des infirmières très douces portaient des cuillères de soupe à ses lèvres puis lui essuyaient la bouche. Il passait, lui affirme-t-on, son temps à dormir, à déambuler dans le parc, à ratisser des feuilles mortes, à mâchonner des quignons de pain dur. Il peignait, aussi : de grandes toiles bleues, parsemées de filaments épars.

– C'est curieux, lui glisse un patient – petite et courte moustache, gilet de flanelle. Au début, vos tableaux étaient bleus, d'un bleu céleste et très pur. Puis vous avez changé d'avis. Le bleu a disparu sous des couches de blanc épais, un blanc profond : non pas le blanc des origines, mais celui de la fin. C'est du moins ce que vous répétiez.

Sur quoi il s'en retourne, laissant Augustin seul avec l'idée de ce blanc. Suis-je fou ? se demande le pensionnaire. L'hypothèse ne peut être écartée. En ses nuits, se rappelle-t-il, des rêves inintelligibles étaient fomentés. Temps suspendus d'immensité tyrannique. Sur la toile du ciel, des citadelles passaient, légères comme de la gaze, d'extravagants aéronefs filaient vers le soleil.

Le nouveau directeur le reçoit dans son bureau. Un chargé d'affaires lui a écrit, il y a peu, qui l'a diligemment averti. « Les réserves financières de votre patient seront bientôt épuisées. »

Augustin opine. Il fait savoir qu'il se sent mieux, beaucoup mieux, qu'il va partir un jour prochain. Il a, dit-il, des « projets ». Le directeur se lève.

– Aviation ?

Le patient se raidit.

– Comment…

– Eh bien, vous avez pris des leçons de pilotage, ces derniers temps. Auriez-vous oublié cela aussi ?

Le pensionnaire proteste. Non, bien sûr que non !

Il remonte dans sa chambre. Regarde ses toiles, ce blanc qui ne dit ni la terre ni le ciel mais quelque chose d'*après*. Se campe devant la glace de son miroir.

Je suis là, juste derrière. Il le sait. Il le sent.

– Élisa, murmure-t-il. J'arrive.

Sur la pelouse du parc, la pie-grièche a relevé la tête. Un vol d'oies blanches traverse le ciel.

Je suis ces oies. Je suis la pie. Je suis tous les oiseaux de cette terre et d'ailleurs. Sur sa joue mal rasée, Augustin récolte une larme et la porte à ses lèvres. Elle a le goût de notre unique baiser.

Quelques jours plus tard, alors que l'aube est fraîche encore, il enfile un manteau de laine grise, décroche une besace et traverse le parc humecté par la nuit.

Sur un champ de terre en friche, à environ une demi-heure de marche, un petit monoplace l'attend. Il a tout prévu ; il sait décoller, il sait tirer un levier, il a pris des leçons, c'est vrai ; le ciel fera le reste.

Des montagnes escarpées se dessinent. Au-delà ? Le cabaret du néant, l'horizon sans limites. Dans sa besace, les restes de son cahier – des pages vierges et heureuses. Le moment venu, il les arrachera et les lancera par-dessus bord. Elles tourbillonneront, au cœur de la tempête. Puis il coupera son moteur et lâchera les manettes. De son poing comme un marteau, il brisera les cadrans, faisant fi de l'altitude, de la vitesse, de l'air changé en glace. Il décrochera sangles et ceintures, se débarrassera de son casque, de ses lunettes, se lèvera contre le vent et, manteau ouvert, s'avancera sur une aile.

Déjà, par-delà les crêtes blanches, nous distinguons sa silhouette, son sourire libéré, son salut au-dessus des bois. Les vallons, les prairies, le monde.

Il n'y aura pas d'après ; nous resterons là-haut.

Remerciements

L'idée de rendre hommage à Élisa Deroche n'est pas la mienne ; c'est celle de mon éditrice, Bénédicte Lombardo. Louée soit-elle, et louée soit la Toscane.

En l'état, par ailleurs, ce livre n'aurait pu voir le jour sans la confiance et le concours d'Éric Mazeas, arrière-petit-fils de Jeanne Hitier née Deroche, la sœur de notre héroïne : puisse-t-il trouver ici l'expression de ma profonde gratitude.

RÉALISATION : NORD COMPO À VILLENEUVE-D'ASCQ
IMPRESSION : NORMANDIE ROTO IMPRESSION S.A.S. À LONRAI
DÉPÔT LÉGAL : OCTOBRE 2024. N° 150308 (2404351)
Imprimé en France